GENJINブックレット66

ピンポイントでわかる

〇論点

〇文改憲

はじめに
目の前にある改憲について、
一人ひとりが主体的に考えていくとき 清末

刊行によせて
自衛隊の9条明記は、
日本が〈戦争する国〉になることを意味する

次

第1部 自衛隊の9条明記の狙い

飯島滋明・清末愛砂・池田賢太

安倍首相の〈自衛隊に9条明記〉発言 12

Q1 自衛隊を憲法に明記することで自衛隊の何が変わるのですか？ 14

Q2 私たちの生活にどんな影響が出るのでしょうか？ 16

Q3 自衛隊明記は9条3項、あるいは9条の2の追加だけで
すむのでしょうか？ 18

Q4 北朝鮮のミサイルに対抗するためには、憲法の改正が必要では
ないでしょうか？ 20

Q5 侵略戦争はだめですが、自衛のための武力行使は仕方ないのでは？ 23

Q6 国を守るための予算が優先されるのは当然ではないですか？ 24

Q7 自衛隊明記は軍事研究と関係がありますか？ 25

元自衛隊員・末延隆成さんは語る
専守防衛で日本を守る。それが誇り。 26

元自衛隊員・西川末則さんは語る
憲法を変えなければならない不都合はありません。 30

第2部 その他の〈明文改憲〉で何が変わるのか

1 あきらめていない緊急事態条項 榎澤幸広 32

Q1 今の憲法には2012年自民党案のような緊急事態条項がないのですか？ 33

Q2 大規模災害が生じたら対処できるのですか？ 34

Q3 議員任期の延長のみに限定するって不思議ではないですか？ 35

2 唐突な高等教育の無償化 渡邊弘 …… 36

Q1 高等教育の無償化は、憲法を改正しなければ実現しないのでしょうか？ 37
Q2 教育費用について、政府はこれまでどのような政策を
行ってきたのでしょうか？ …… 38
Q3 教育の無償化は教育内容の統制につながりませんか？ …… 39

3 参議院議員選挙「合区」解消ってなんだ 石川裕一郎 …… 40

Q1 そもそも「合区」とは何ですか？ …… 41
Q2 「国会議員は地域の代表」ではないのですか？ …… 42
Q3 国会に「地域の代表」は必要ではないのですか？ …… 43

4 家族の助け合い明文化 清末愛砂 …… 44

Q1 今の憲法には家族に関する規定はないのですか？ …… 45
Q2 憲法に家族の助け合いを明文化するとどうなりますか？ …… 46
Q3 憲法24条には他にどんな価値がありますか？ …… 47

5 〈新しい権利〉を加えることは必要か 岩本一郎 …… 48

Q1 憲法を改正しなければ、新しい人権は保障されないのでしょうか？ …… 49
Q2 今の憲法では、環境権が人権として保障されていないのでしょうか？ …… 50
Q3 知る権利を拡充するために、憲法への明記は必要なのでしょうか？ …… 51

第**3**部 憲法を守り育てるために

1 国民投票法にも問題アリ！ 池田賢太 …… 54
2 憲法破壊に抗して──「ナチの手口」に酷似している安倍内閣の手法 岩本一郎 …… 58
3 沖縄と明文改憲
軍事力によらない平和が今も求められる 髙良沙哉 …… 62
4 北海道と明文改憲
私たちが主権者として、自衛隊を戦争に加担させることを
迫ることになる 池田賢太 …… 64

おわりに 髙良沙哉 …… 68
編者・執筆者プロフィール …… 70

はじめに

目の前にある改憲について、一人ひとりが主体的に考えていくとき

大きな歴史的転換

　安倍首相は、選挙を通して国民の意思を確認するための喫緊の政策課題があるとは思えない状況にもかかわらず、2017年9月28日開始の臨時国会冒頭で衆議院を解散しました。この大義のない、そして憲法違反といえる解散により、10月22日に衆議院総選挙が行われました。この際、自民党は選挙公約の一つとして、①自衛隊の明記、②教育の無償化・充実強化、③緊急事態対応、④参議院の合区解消を明記した上で、憲法改正を掲げました。

　これらの項目は同年5月3日（憲法記念日）に、党是として「憲法改正」を訴えてきた自民党の総裁として、安倍首相が示した改憲4項目（読売新聞2017年5月3日、安倍首相インタビュー）と重なるものです。改憲項目が具体的に示されたという点で、日本国憲法施行から70年目を迎えたこの日は、大きな歴史的転換を意味する日となりました。

総選挙後の改憲勢力

　保守改憲政党は自民党だけではありません。国会内の改憲勢力には、自民党と連立を組む公明党、日本維新の会、今回の総選挙で一気に名を

挙げた希望の党等も含まれます。実際に希望の党は、選挙公約で9条を含む憲法改正の議論を進めていくこと、および知る権利の憲法上への明記等を明確に掲げました。こうした政治勢力を前提とすると、選挙前と同様に衆参両議院は保守改憲派が3分の2以上を占め、今後はこれらの政党が実質的な改憲連合を組む形で、改憲が進められていくでしょう。

　憲法改正には、国会発議（各議院の総議員の3分の2以上の賛成）と国民投票（過半数の賛成）が必要です（憲法96条1項）。では、この手続さえ踏めば、いかなる改憲でも認められるのでしょうか。そうではありません。手続の前提として、①改憲内容が日本国憲法の原理（基本的人権の尊重、国民主権、平和主義）に反しないこと、および②立法事実（憲法改正の必要性や妥当性が認められるだけの社会的・経済的・文化的事実）が存在することが求められます。また、③憲法で明文化されていない項目であっても、直ちに憲法改正が必要となるわけではありません。既存の条文を積極的かつ合理的に解釈した上で、それに基づいて関連法の改正または新法の制定を行い対応できるのであれば、憲法改正は必要ないからです。これができない場合の手段として憲法改正があります。

国民は積極的に自衛隊明記を求めているか

　1954年の設立以来、多数の憲法研究者や市民から自衛隊は9条2項が禁ずる戦力に該当すると指摘されてきました。それに対し、政府は自衛隊を自衛力と位置づけ、合憲としてきました。また、1990年以降は、PKO（国連平和維持活動）や外国軍への後方支援等に従事するため、自衛隊の海外派兵が繰り返されてきました。こうした派兵に対しても、政府は常に9条との整合性に関する説明責任が求められてきたため、例えば、

外国軍の武力行使と一体化しないといった見解を示してきました。このように、9条は無制限の海外派兵に対して、一定の歯止めの役割を果たしてきました。この状況を大きく変えたのが、2015年9月に制定された安全保障関連法（安保法制）です。違憲性が強く問われた安保法制の是非もまた10月の衆議院選挙の争点となりました。

　自然災害時に被災者救援に励む自衛隊員の姿を頻繁に目にするため、自衛隊といえば被災地での活動を思い浮かべる人々も多いでしょう。自衛隊明記を求める自民党や民間団体等がそのイメージをことさら強調する中で自衛隊明記の必要性を問われると、相当数の人々が賛成するかもしれません。しかし、それは多数の国民が積極的に自衛隊明記を求めていることを意味しません。問われたから答えたにすぎないと解することができるからです。現時点では、自衛隊が憲法に明記されていないことで市民生活に大きな支障が出ているわけではありません。そもそも被災者救援は自衛隊の主たる任務ではなく、従たる任務と認識されています。したがって、自衛隊明記の理由の一つとして、被災者救援に励む自衛隊員の姿を持ち出す行為は、多数の賛同を得るために人々の感情に訴える手法と批判されても仕方ありません。

本書の出発点

　2017年7月初旬、自民党の改憲4項目に疑問を持った憲法研究者と弁護士が札幌に集まり、改憲問題に関する会議を持ちました。会議の中で、改憲項目の矛盾、特に自衛隊明記がさまざまな影響を社会にもたらすことをできるだけ多くの人々に伝えることが、法を専門とする者の社会的責務であるという話になりました。本書は全執筆者が短時間で知恵

を絞り、ポイントをまとめたものです。4項目以外に、自民党が長年の改憲ターゲットとしてきた24条（家庭生活における個人の尊厳と両性の平等）、公明党や希望の党が言及してきた環境権や知る権利も取り上げています。

　自衛隊明記を強く唱える人々の中からは、9条改憲に反対する人々を「空想論的」と批判する声が聴こえてきます。しかし、本当に空想論的なのでしょうか。大日本帝国の軍事主義が引き起こした自衛の名の下の侵略戦争を経験した日本社会は、1946年に日本国憲法の下に生きるという、現実的かつ賢明な選択をしました。世界の人々との信頼回復のみならず、現在や将来を生きる人々の平和の実現にとって最善の術は、戦争や武力行使の加害者にも被害者にもならない憲法を持つことだと悟ったからです。経験に裏付けされた先人の知恵を振り返りながら、目の前にある改憲について、一人ひとりが主体的に考えていくことが求められているのではないでしょうか。

　本書を通じて、多くの皆さまに憲法改正の問題について考えていただければ幸いです。

　なお、本書の出版段階では、自民党その他の政党が具体的な改憲条文案を提示していないため、本文冒頭に示した改憲案・発言部分の一部は、自民党の2012年「日本国憲法改正草案」（2012年自民党案）を参考にしています。

2017年10月23日
編者を代表して 清末愛砂

刊行によせて

自衛隊の9条明記は、日本が〈戦争する国〉になることを意味する

伊藤真 伊藤塾塾長・弁護士

いとう・まこと／1958年、東京都生まれ。1981年、司法試験に合格。1982年、東京大学卒業。1995年、「伊藤真の司法試験塾（現伊藤塾）」を設立。「一人一票実現国民会議」の発起人、「安保法制違憲訴訟の会」共同代表などを務め、市民の連帯による立憲主義の回復を目指し、全国で活動している。

　憲法も法です。真に改正する必要があれば、国民が十分に議論し検討した上で、改憲すればよいのです。しかし、必要もないのに、為政者の個人的な思いだけで憲法が改悪されてはたまりません。この国の憲法を変えることは、ここで生活するすべての国民・市民、そして世界の人々に大きな影響を与えます。

　安倍首相は、5月の改憲集会のビデオメッセージで、改憲の発議が国会議員の責任だと発言しました。しかしそもそも、憲法に何をどう定めるべきかを決める権力（憲法制定権力）は国民にあります。憲法は、私たち

の生活を権力から守るためにあるのです。理由もなく警察に拘束されない、ネット検索で情報を得る、Twitter でつぶやく等も、憲法が私たちすべての個人の人権を保障しているからできることです。憲法に無関心な人はいても、憲法に無関係な人はいません。だから、改憲手続きは、国民からの改憲が必要だという世論が高まり、それを受けて国会が議論して発議し、最後に国民投票で確定させるべきものです。

　改憲が議員の責務であるかのような発想、ひいては、強い権力をもつ行政権のトップが、国民の関心が薄い改憲につき、施行までの日程を示すことなど、憲法は許しておらず、こうした言動は憲法尊重擁護義務違反(99条)というべきものです。

　国民投票の結果、たとえば自衛隊を憲法に書くことになれば、それは「現状の自衛隊」に強い民主的正統性を与えることを意味します。国民の直接の意思表示によって憲法上に設けられた初めての機関が自衛隊ということになるからです。その結果、政府は、自衛隊の活動範囲をさらに拡張し、防衛費を増加させ、軍需産業を育成し、武器輸出を推進し、自衛官の募集を強化し、国防意識を教育現場で強制し、大学等に学問や技術の協力を要請する等、高度国防国家の実現について、民意を「錦の御旗」として進めることになります。

　さらに自衛隊明記は、外国から日本は「軍隊」を持ったと認識されます。特に中国、韓国などの近隣アジア諸国、イスラム諸国に与える負の宣伝的効果は大きいものがあります。そうなれば、日本は内外ともに、軍隊を持つ普通の国防国家となります。

　しかし、軍隊は国民を守らないし、軍事力によっては何も解決しないことを私たちは歴史の教訓として知っています。戦争には必ず、戦争の

後があるのです。それは悲惨なものです。アメリカでの帰還兵の戦死者以上の自殺、多大な財政負担、軍需産業と政治の癒着等々良いことは何もありません。だから私は戦争に少しでも近づくことを絶対に許しません。

　自衛隊を憲法に明記することを、９条加憲論と呼ぶことがあります。しかし、加憲という言葉は、憲法の空白を埋めるだけかのような響きを持ちますが、自民党が意図する自衛隊明記は加憲ではありません。憲法９条２項の戦力不保持、交戦権否認条項があるにもかかわらず、その例外として自衛隊という軍事組織の存在と海外での活動を認めるものであり、けっして単なる加憲ではないのです。憲法９条２項を空文化するものであり９条２項の否定です。
　そこに規定される自衛隊は、「専守防衛」、「災害救助隊」というかつての自衛隊ではありません。集団的自衛権を行使し、アメリカの戦争に加担し、他国で武装勢力と戦闘する自衛隊、つまり海外で「人を殺し、殺される」自衛隊です。しかも今回新設されようとしている条文によって、戦力として肯定され、交戦権を行使することも許される組織となります。つまり、日本が戦争する国になるということです。自民党のゴールは従来から2012年憲法改正草案にある国防軍創設でした。今回の自衛隊明記は、自衛隊という名の国防軍の創設そのものです。

　仮にこうした改憲が実現すると、その影響は計り知れません。戦争する国は、平和を壊します。ここで平和とは、単に戦争のない状態ではなく、恐怖と欠乏から免れて誰もが自分らしく穏やかに暮らせることを言います。私たちは戦前への反省から二度と政府に戦争をさせないために

新しい憲法を持ちました。戦争は私たちからすべての大切なものを奪い、悲しみを生み出します。人を人でなくしてしまいます。軍事予算の拡大と社会保障の削減、差別、弾圧、格差の蔓延、何よりも普段から「力による支配」が正当化されるようになり、平穏な社会が一変します。平和国家としてのブランドを失うのみならず、武力攻撃、テロの標的になるリスクを増大させ、沖縄ではさらに差別、弾圧が広がることとなるでしょう。その上、日本が戦争する国になることによって、北東アジアを含めた世界平和への貢献が困難になり、非核、軍縮、平和構築、地球環境など世界（地球）への負の影響は計り知れません。

　私たちは地球上の小さな存在ですが、大きな責任を担っています。こうした時代だからこそ、人類の進歩に貢献する憲法９条を実現する責任が私たちにはあるのではないでしょうか。今を生きる者として、それぞれの立場での役割を果たす覚悟が求められているように思われます。

第1部 自衛隊の9条明記の狙い

飯島滋明・清末愛砂・池田賢太

安倍首相の〈自衛隊に9条明記〉発言

元自衛隊員・末延隆成さんは語る 専守防衛で日本を守る。それが誇り。

元自衛隊員・西川末則さんは語る 憲法を変えなければならない不都合はありません。

1 安倍首相の〈自衛隊の9条明記〉発言

例えば憲法9条です。今日、災害救助を含め命懸けで、24時間365日、領土、領海、領空、日本人の命を守り抜く、その任務を果たしている自衛隊の姿に対して、国民の信頼は9割を超えています。しかし、多くの憲法学者や政党の中には、自衛隊を違憲とする議論が今なお存在しています。

「自衛隊は、違憲かもしれないけれども、何かあれば、命を張って守ってくれ」というのは、あまりにも無責任です。

私は、少なくとも私たちの世代のうちに、自衛隊の存在を憲法上にしっかりと位置付け、「自衛隊が違憲かもしれない」などの議論が生まれる余地をなくすべきであると考えます。

もちろん、9条の平和主義の理念については、未来に向けて、しっかりと堅持していかなければなりません。そこで「9条1項、2項を残しつつ、自衛隊を明文で書き込む」という考え方、これは国民的な議論に値するのだろうと思います。

（安倍首相憲法改正に関するビデオメッセージの発言／毎日新聞2017年5月4日付）

2017年5月3日、安倍首相による憲法改正発言（上記）は大きな注目を集めました。とりわけ憲法に自衛隊を明記する憲法改正を目指すといった発言は注目され、議論がなされてきました。こうした事情を考え、第1部では9条改憲問題について詳しく解説することにしました。

安倍首相など自民党の政治家たちは、自衛隊を憲法に明記する憲法改正は「現状を認めるだけ」と言っています。本当でしょうか？　実際に私たちの生活にどのような影響が出るのか、憲法改正が9条だけで済むのかどうかを紹介します。

また、最近の北朝鮮のミサイル発射などへの「自衛」のために憲法改正が必要と主張されています。ここでは「北朝鮮のミサイル」「自衛」という主張の問題点も紹介します。

（飯島滋明）

第1部　自衛隊の9条明記の狙い

Q1 自衛隊を憲法に明記することで
自衛隊の何が変わるのですか？

Q2 私たちの生活にどんな影響が出るのでしょうか？

Q3 自衛隊明記は9条3項、あるいは9条の2の
追加だけですむのでしょうか？

Q4 北朝鮮のミサイルに対抗するためには、
憲法の改正が必要ではないでしょうか？

Q5 侵略戦争はだめですが、自衛のための武力行使は
仕方ないのでは？

Q6 国を守るための予算が優先されるのは
当然ではないですか？

Q7 自衛隊明記は軍事研究と関係がありますか？

10.22総選挙で、改憲を目指す政権与党が3分の2を確保。

Q1 自衛隊を憲法に明記することで自衛隊の何が変わるのですか？

A1 自衛隊が世界中で戦うことが認められ、自衛隊の任務や装備が拡大します。

　安倍首相は自衛隊を憲法に明記しても、「現状を追認するだけ」と主張しています。ただ、総務省の試算でも、憲法改正の国民投票には約850億円かかります。国家財政の危機がいわれる現在、現状を認めるだけのために850億円もの費用を費やすのは適切でしょうか？　待機児童対策や奨学金の拡充などに費やすほうが有益ではないでしょうか？

　実のところ、自衛隊を憲法に明記する憲法改正は、「現状を追認するだけ」では済みません。①世界中で自衛隊が戦うことを憲法的にも認めることになります。さらには、②自衛隊の任務や装備の拡大（→Q6）に道を開くことになります。

　まず①ですが、2015年9月、安倍首相や自民・公明党の連立政権は、いわゆる「安保法制」を成立させました。「安保法制」では、世界中での武力行使が自衛隊の任務とされました。実際、2016年11月に安倍自公政権は「安保法制」を根拠に、「駆け付け警護」や「宿営地の共同防護」といった、日本防衛に関係ない武力行使を南スーダンに派遣する自衛隊に命じました。このように、安倍自民党が憲法に明記しようとしているのは、世界中での武力行使が任務とされた自衛隊です。国民にはそのつもりがないとしても、今の自衛隊を憲法で認めることは、結果として自衛隊が世界中で戦うのを認めることになります。

　次に②ですが、自衛隊の任務や装備の拡大に道を開くことになります。法の世界では「後法優位の原則」という考え方があります。先にある法では現実に適切に対応できないため、そうした不都合に対応するために作られた「後法」が優先するという考え方です。「後法優位の原則」から

すれば、自衛隊を憲法に明記すれば、「戦争」や「武力による威嚇または武力の行使」を放棄した憲法9条1項、「陸海空軍その他の戦力は、これを保持しない」、「国の交戦権は、これを認めない」という憲法9条2項の規定が無力化される可能性が生じます。

　2016年4月、安倍自公政権は核兵器の保有も憲法的に許されるとの閣議決定をしました。2017年6月の自民党安全保障調査会では、自衛隊が北朝鮮を先制攻撃することは自衛であること、防衛費のGDP対2％（約5兆円の増額！）といった軍事費の増額も主張されました。憲法改正により自衛隊が憲法上の組織となれば、「自衛」のための「戦争」や「武力の行使」は禁止されないと解釈される可能性が出ます。「陸海空軍その他の戦力」の保持や「交戦権」を認めないとする憲法9条2項より、あとに制定された「自衛隊」の規定が優先され、政府は堂々と自衛隊の任務の拡大や防衛費の増額を主張する可能性が生じます。

（飯島滋明）

周囲を警戒する自衛官―自衛隊が公開した輸送護送車「MRAP（エムラップ）」の銃座から周囲を警戒する自衛官。同車は「駆けつけ警護」などに使用も検討される（2015年12月7日撮影）。写真提供：時事通信。

Q2 私たちの生活にどんな影響が出るのでしょうか？

A2 たとえば「徴兵制」や「民間人の戦地派遣」の可能性が出ます。

Q1で紹介したように、安保法制により世界中での武力行使が任務とされた自衛隊を憲法に明記することは、自衛隊が世界中で戦うのを憲法的に認めたことになります。そうなると、どのような事態が起こり得るか。野中広務さんや加藤紘一さんといった元自民党の重鎮、小池清彦さんといった元防衛官僚は、自衛隊が海外で戦うようになれば自衛隊への志願者が減り、結果的に徴兵制につながるとして、自衛隊の海外派兵や憲法改正に反対してきました。

戦場に行く可能性が少ない「（元）幹部自衛官」たちはテレビや新聞などで「安保法制」や「憲法改正」に賛成する発言を繰り返しています。ただ、こうした「（元）幹部自衛官」とは異なり、実際に戦場に行かされる「（元）曹士自衛官」には、世界中での武力行使を自衛隊の任務とする「安保法制」や「憲法改正」に反対する人が少なくありません。そして「安保法制」が成立したために自衛隊を辞めた、あるいは辞めようとする自衛官も少なくありません。たとえば私も2017年6月には写真（次頁）のような手紙を頂いています。自衛隊が海外で戦闘⇒海外の戦闘で自衛隊に死傷者⇒自衛隊への志願者減少⇒徴兵制、という事態が絶対ないと言い切れるでしょうか？

「徴兵」というと男性だけと思われるかもしれません。しかし、のちに防衛大臣となる稲田自民党議員は2015年、「男子も女子も自衛隊に体験入隊すべき」と発言しています。2017年4月、安倍自公政権は、陸上自衛隊の戦車中隊や普通科中隊の戦闘部隊にも女性自衛官を配備することを決めました。「女性だから安全」とは言えない政治が安倍自公政

権の下ですすめられています。

　また、自衛隊が海外で戦うことになれば、民間人も戦地に送られます。湾岸戦争の際にはアメリカの要請で、中東に医師や看護師など医療関係者50人が派遣されました。2001年にはじまるアフガン戦争の際にも民間の技術者が派遣されています。自衛隊を憲法に明記する憲法改正は、医師や看護師、建築、土木などの職についている人とも決して無関係ではありません。

（飯島滋明）

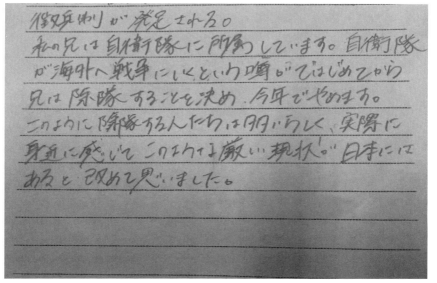

2017年6月、飯島が受け取った手紙。女性は20歳、女性の兄は21歳。

オススメの一冊

安保法制違憲訴訟の会編『私たちは戦争を許さない　安保法制の憲法違反を訴える』（岩波書店、2017年）

　広島や長崎のヒバクシャ、戦争で親を失った人など、アジア・太平洋戦争（1931年〜1945年）で大変な苦痛を体験された人々にとっては、日本国憲法の徹底した「平和主義」は「将来の希望」でした。海外の戦争に参加させられたり、テロの対象にならなかったのは憲法の平和主義の恩恵であると考える自衛官やパイロット、船員もいます。しかし安倍自公政権は、世界中での自衛隊の武力行使を可能にする「安保法制」を成立させました。自衛隊を憲法に明記する憲法改正は、「安保法制」を憲法的に認めることになります。それが良いのかどうか、戦争体験者や安保法制により生命や身体が危険に晒されると強い危機感をもつ人々の思いもふまえて考えてください。

（飯島滋明）

Q3 自衛隊明記は9条3項、あるいは9条の2の追加だけですむのでしょうか？

A3 次から次へと憲法改正が検討・実施される可能性があります。

　自民党では、「9条を変えた」と国民に思わせないようにするために、9条1項、2項を残して3項に自衛隊を明記する憲法改正、あるいは「9条の2」を新たに設ける憲法改正が主張されています。

　自衛隊を憲法に明記することに関して、たとえば元内閣法制局長官の阪田雅裕さんも読売新聞2017年6月3日付で「9条を変えるだけでは済まない」と発言しています。自衛隊を憲法に明記すれば、次から次へと憲法改正が検討・実施される可能性があります。憲法73条では、内閣の職務についての定めがありますが、そこに自衛隊に関する規定を明記する必要が生じます。シビリアンコントロール（軍隊を国会などが統制すること）を憲法に明記する必要も生じます。軍法会議を設置するため、「特別裁判所は、これを認めない」と定める憲法76条2項の規定の改正も必要になります。

　一般の市民が誤って人を死なせてしまった場合には罪に問われる可能性があります。しかし自衛隊員が軍事活動の際に誤って民間人を殺した場合に「業務上過失致死」などの罪に問われるのでは、自衛隊の軍事活動には大きな制約となります。軍の装備や活動についてメディアが取材し・報道することは「国民主権」の観点からは重要ですが、軍の立場からは、軍の装備や活動が詳細にメディアで報道されることは、円滑な軍事活動が阻害される場合があります。軍事活動の際の自衛隊の殺人行為などを免責したり、軍の秘密を守るため、「軍法会議」が必要になります。

　さらに、日本国憲法の平和主義にも詳しい韓国の李京柱先生（仁荷大学教授／憲法学）は、韓国の経験から、「緊急事態条項」を導入する憲法改正

も必要になると述べています。そもそも憲法前文では、「平和を愛する諸国民の公正と信義に信頼」して、武力をもたないと宣言しています。ただ、自衛隊を憲法に明記することは、「世界には侵略や武力行使をしかける悪い国が存在する」ことが前提となります。そのため、戦争による紛争解決を放棄するという理念を表明する憲法前文の改正も検討されます。

　もともと憲法では徹底した「平和主義」が採用され、軍による紛争解決は前提とされていません。ところが自衛隊を憲法で認めるとなれば、自衛隊の軍事活動を前提とするため、さまざまな規定の改正が検討・実施されます。

（飯島滋明）

北朝鮮のミサイルを迎撃するために急拠配備されたPAC3。写真撮影：飯島滋明

Q4 北朝鮮のミサイルに対抗するためには、憲法の改正が必要ではないでしょうか？

A4 憲法改正で北朝鮮はさらに軍事強硬路線をとり、日本周辺も不安定になります。

■ミサイルを打たせないための外交努力が必要

　北朝鮮のミサイル発射などを理由に、安倍首相などは憲法改正が必要と主張します。北朝鮮はミサイル発射を「自衛措置」と主張していますが、国際平和を乱し、許されません。ただ、日本が憲法を改正して自衛隊を憲法に明記すれば、北朝鮮のミサイルに対抗できるのでしょうか？

　2017年8月4日に放映された、『池上彰緊急スペシャル　迫る北朝鮮の脅威　どう守る日本！？　知られざる自衛隊の現実』で、池上さんは「完全シミュレーションからできることは限られていることがわかります。まずは撃たせないようにすることが大事。そのために必要なのが外交努力であり、これがいま最も求められている」とコメントしました。「日本単独で迎撃できず」と産経新聞2017年9月16日付は指摘します。陸上配備型迎撃ミサイルPAC3の射程距離は数十キロ程度、北朝鮮のミサイルをすべて防御しようとすれば、日本中にPAC3を配備することになります。こんなことをすれば防衛費がいくらあっても足りません。

　技術的にも、最終段階では1秒間に約7kmの速さで落ちてくる弾道ミサイルを本当に撃ち落とせるかも分かりません。かりに核弾頭を搭載した弾道ミサイルを迎撃できたとしても、「成功」なのでしょうか？PAC3の射程距離は数十キロです。核弾頭を搭載した弾道ミサイルを地上数十キロの地点で迎撃できたとしても、福島第一原発事故の現状が物語るように、放射性物質は日本の広範な地域に拡散されます。

　こうした現実を踏まえると、池上さんが主張するように、ミサイルを

打たせないための外交努力が必要ではないでしょうか？　憲法改正により軍事的に北朝鮮に対抗する姿勢を示せば、北朝鮮はさらに軍拡政策をとり、日本への核の脅威は増大します。軍事力の強化により北朝鮮に対応しようとする安倍自公政権の動きは、現実を冷静に見つめれば極めて不適切です。

「北朝鮮の脅威」情報のまやかし

　そもそも安倍自公政権は本当に北朝鮮を脅威だと思っているのでしょうか？　「北朝鮮の脅威」というのであれば、原発の再稼動は支離滅裂です。しかし安倍自公政権は原発再稼動を進めています。実は、安倍政権は北朝鮮の脅威をあおっているのではないでしょうか？　8月29日や9月15日のミサイル発射の際、安倍首相などは「ミサイルの動向を完全に把握」しており、「我が国に飛来する恐れがない」から、具体的なミサイル迎撃行動をとらなかった発言しました。

　では、なぜ北海道、東北、北関東など12道県にJアラートを発令したのでしょうか？　地図を見て下さい。着地点を「襟裳岬から〜キロ」とのように、襟裳岬に近いと思わせる発表は適切でしょうか？　2017年9月、北海道で私は「ミサイルの音を聞いたという話がツイッターで流れている」と20代男女の集団が話しているのを聞きました。北海道上空を通過したのは2分程度、地上から数百キロも離れた場所を飛ぶミサイルの音が聞こえるはずはないのですが、こうして「北朝鮮の脅威」が市民に植え付けられていきま

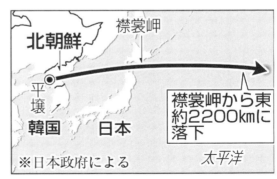

「12段用」北朝鮮ミサイル日本通過 。ミサイル飛行イメージ（2017年9月15日）。写真提供：共同通信。

す。

「北朝鮮の脅威」をあおり、憲法改正・軍備拡張を目指す安倍政権

　ナチスで指導的立場にあったゲーリングは「もちろん、普通の人間は戦争を望まない。しかし……国民を戦争に参加させることは、常に簡単だ。……国民には、脅威にさらされていると言い、平和主義者には愛国心が欠けており、国を危険にさらすと批判すればいい。この方法はどんな国でも効果がある」と発言しています。

　1980年代、実際にはソ連は日本だけを攻撃する意図はなかったのですが、中曽根政権は「ソ連脅威論」をあおりました。北海道がソ連にとられるかのような主張を自民党の政治家や一部のジャーナリストが盛んに吹聴し、軍備拡張を進めました。安倍政権も北朝鮮の脅威をあおり、憲法改正や軍備増強を目指していると疑問を持つことが必要かもしれません。

（飯島滋明）

軍事作戦中にパレスチナ人の家に入り込んでいくイスラエル兵の様子（2002年8月、パレスチナ・ヨルダン川西岸地区ナーブルス。写真撮影：清末愛砂）

第1部　自衛隊の9条明記の狙い

Q5 侵略戦争はだめですが、自衛のための武力行使は仕方ないのでは？

A5 武力行使や戦争の多くは「自衛」の名の下で正当化されてきました。

　他国への侵略はいけないが、自衛のための武力行使は認められる。そう考える人は多いでしょう。はたしてそのような武力行使は本当に正当化できるものなのでしょうか。2001年9月11日の米国に対する同時多発攻撃を契機とする一連の「対テロ」戦争を例にして考えてみましょう。

　米国はアフガニスタンのターリバーン政権（当時）が、9.11の容疑者とされたアルカーイダをかくまっていると主張し、個別的自衛権の名の下で同国への軍事攻撃を始めました。アフガニスタンが一体いつ米国を攻撃したというのでしょうか。2003年、米国はイラクが大量破壊兵器を備えていると断定し、軍事攻撃を開始しました。このとき、米国はイラクが潜在的な脅威であるとして、先制的自衛を主張しました。国際法上、先制的自衛という考え方は認められません。また、米国の同盟国であり、パレスチナを長年占領しているイスラエルは9.11以前から現在にいたるまで、自衛や対テロの名の下でパレスチナ人に対する多数の軍事作戦を敢行してきました。

　私はイスラエルの軍事攻撃がなされている最中にその対象の一つとなったパレスチナ難民キャンプに滞在していたことがあり、無差別攻撃の恐怖を嫌というほど知っています。その攻撃を通して確信したことは、多数の人が納得しがちな自衛の感覚を利用して戦争や武力行使が正当化される、正当化されやすいことが武力行使を容易にする、そして自衛のための軍備は武力行使の抑止力にはならない、ということでした。

（清末愛砂）

Q6 国を守るための予算が優先されるのは当然ではないですか？

A6 予算を必要とするのは防衛だけではありません。

　国家といえども、無尽蔵にお金があるわけではありません。予算配分は、限られた歳入でどのように国民の生活を豊かにするか、という問題のはずです。

　2017年8月31日、各省庁は2018年度予算の概算要求を行いました。防衛省の予算要求額は、過去最大で5兆2000億円を超えました。しかも、弾道ミサイル防衛のための地上配備型迎撃システムの導入によっては、さらに歳出が増える可能性があります。

　ところで、財務省は消費税引上げの理由を、「高齢化社会における社会保障の財源にふさわしい」と説明してきました。社会保障の充実や教育の無償化について議論するとき、必ず財源問題が出てきます。財布は一つだからです。しかし、防衛予算の議論では、それが全く問題になりません。2012年度の防衛予算は総額4兆6500億円程度でしたが、2012年12月26日に第2次安倍内閣が発足してからは右肩上がりに拡大し、安倍内閣下で概算要求がなされた2014年度予算では、一気に前年度比2.2％増の総額4兆7800億円となります。GDPの1％という制限（1976年の三木内閣の閣議決定）も完全に空文化しました。

　生活保護の受給者が過去最高を記録したとか、社会保障費は増加していると言われますが、予算に占める割合でみれば大きな変化ありません。防衛費が必要としても、その伸びは異常です。明文改憲によって、自衛隊が明記されれば、より防衛予算の増大が見込まれ、社会保障費の削減が顕著になる可能性があります。

（池田賢太）

第 1 部　自衛隊の 9 条明記の狙い

Q7 自衛隊明記は軍事研究と 関係がありますか？

A7 「安全保障」「防衛」の名を借りて 軍事研究が進むでしょう。

　安保法制が成立した2015年、防衛装備庁（防衛省の外局）は「安全保障技術研究推進制度」を導入しました。同制度は、防衛技術と民生技術の双方に利用できる研究への助成を目指すものです。したがって、防衛（軍事）研究が前提となります。同制度の予算は年々増加しており、初年度は3億円、翌年度は6億円、2017年度には110億円になりました。同制度導入まで、日本では大日本帝国の軍事主義への反省、および憲法9条の存在が、軍事研究に対する一定の歯止めとなってきました。

　日本の大学では現在、少子化の影響で一部の大手大学を除き、受験生や入学者が減少しています。また、国による運営費交付金（国立大学）や経常費補助金（私立大学）も削減傾向にあります。一般的に学問にはお金がかかります。実験器具や資料の購入費、調査費等が必要だからです。大学予算が削減される中、多くの研究者は研究費の確保に苦労しています。そうした状況では多少の後ろめたさを感じようとも、安全保障技術研究推進制度にすがりたくなるでしょう。

　そんな中で9条に自衛隊が明記されるとどうなるでしょうか。自衛隊が憲法上の公的な存在となり、また安保法制もあるため、安全保障の名を借りた防衛（軍事）研究が正当化されやすくなります。そうなると、軍事に役立つとわかっていても研究者は気兼ねなく研究できるため、結果的に軍事研究が進んでいくのです。

〔清末愛砂〕

25

元自衛隊員・末延隆成さんは語る

専守防衛で日本を守る。それが誇り。

すえのぶ・たかなり／1962年生まれ。1980年3月から1984年3月、および1986年1月から2015年1月まで陸上自衛官（退官時は2等陸曹）。第12師団保安警務隊、第5旅団戦車大隊等に所属。現在、「怒れる士魂の声」代表。（写真は自衛官当時のもの）

憲法改正で自衛隊が軍隊化する

　自衛隊は保険と同じです。何かあれば対応できます。創設以来、憲法9条の存在により、現在まで武力の行使をせず「日陰の存在」であり続けてきたから良かったのです。「税金泥棒」と言われても、いざとなったら専守防衛で日本を守る。それが誇りでした。専守防衛だったので、我々は海外で武力行使しない存在でした。自衛隊の本来任務は武力により国民を守ることだけではありません。武力を用いずに災害対処など国民の命を守る任務があることを忘れてはいけません。自衛隊は文民統制が取れている時は国民のための自衛隊でした。

　しかし、安倍政権は改憲して、自衛隊を憲法に明記しようとしています。安保法制の下では自衛隊の軍隊化は間違いありません。自民党は、2012年の憲法改正草案で「国防軍」にすると言っていました。自衛隊を憲法に明記して何をするのでしょうか？　自衛隊が明記されれば、その存在は憲法違反と言えなくなります。そうしたら、海外での武力行使は憲法上も問題ないという話にされるでしょう。武力というのは、古今東西の例を見ればわかるとおり、持たされると使ってしまうものです。日本は約70年間、憲法9条により平和にやってきたことを忘れてはいけません。しかし、米国から自衛隊は憲法に明記されているだろう、と言

第1部 自衛隊の9条明記の狙い

われれば、海外派兵を断れなくなります。かつてアメリカの戦争のために、ベトナム出兵して約5千人にものぼる戦死者を出し、そしてベトナム民間人にさまざまな蛮行を行ったという韓国軍と同じ状況になることは明らかです。

　自衛隊員が海外の戦闘で死んだら、今の制度では、賞恤金（褒美や見舞金のようなもの）の上限が最大1億円です。教育費、ローン等は、1億円では賄えません。戦死者が増えれば、1億円すら出されなくなるでしょう。防衛省の団体保険は形の上では「任意保険」ですが、事実上、強制加入です。しかしこの保険でも、犯罪や戦争行為で死んだ場合（一般生命保険の免責事項と同じ不法行為等により生じた死傷など）、お金は出ないことになっています。これでは自衛隊員はたまったものではありません。憲法改正について肯定的な発言をする自衛官は上級幹部自衛官に多いです。最前線に行かず、防衛関連企業に天下りしたり政界進出する幹部自衛官と、実際に戦場に行かされ死傷する一般自衛官の考え方は異なります。

　南スーダンへの自衛隊派遣問題で、安倍晋三首相や防衛大臣だった稲田朋美さんは南スーダンの状況を「戦闘」と認めるべきでした。ところが憲法9条違反を指摘されることを避けるために「武力衝突」と強弁し、すぐには自衛隊を撤退させませんでした。その結果、隊員は無用なリスクを負うことになったのです。派遣期間中に、万が一自衛隊員が亡くなっていたら、安倍さんや稲田さんは、当然その死に対する責任を問われたでしょう。しかし、その場合でも彼らは責任逃れをしたと思います。

▍徴兵制は導入されない？

　安倍首相は徴兵制の導入はないと言っています。憲法18条の意に反する苦役にあたるというのがその理由の一つです。しかし、憲法を変えたら、「美しい国や家族を守ることは『苦役』にはならない」と主張し始めるかもしれません。私たちのように愛国心の強い者ならば、喜び勇んで徴兵されるでしょう。現在、少子高齢化や安保法制の影響で自衛隊への

27

自衛隊の車列。幹部自衛官の載った小型車は最後尾を走る。写真撮影:飯島滋明。

　入隊希望者は減っています。現段階で自衛隊は定員を満たしていません。「代休」や「有給」があまり使えない状況からもわかるように、充足率は100%ではありません。戦闘担任部隊も人員が足りません。すわなち、戦闘力という意味では、自国すら守ることができない状況にあります。

　かつて私は隊員募集の幹部自衛官から、「昔の日本軍みたいに赤紙一枚で徴兵ができれば良いのにな、いずれ近い将来、隊員不足を補うために徴兵する時代が来る」と聞いたことがあります。

　また、安倍首相は「素人は役に立たない」と言っています。しかし、昔に比べると装備が、軽量簡便化していることを見落とすわけにはいきません。アフリカの少年兵のように、子どもでも武器を使えます。事実、自動小銃であればだれでも使えるのです。いわゆるIS（イスラーム国）は子どもを訓練し、車を運転させ、自爆させています。車を運転できれば、子どもであろうが、女性であろうが、後期高齢者であろうが、なんでもできるのです。補給（後方支援）も車の運転ができればできます。そして、かつて学徒出陣で出兵した若者や少年兵訓練を受けた者が特攻隊員とされたように、命を落とす業務には補充できる人を使います。お金をかけて、十分な訓練をした自衛隊員は温存しておきたいからです。戦場で、路肩爆弾などが仕掛けられていそうな危険な場所を通行するときには、

最初にこうした「補充」できる人を行かせるのです。皆さんも自衛隊の車両が走っているのを見るとわかると思いますが、大抵、曹士隊員が乗った大型トラックが先頭を走り、幹部が乗った小型車（パジェロ）が最後に走ります。これは曹士隊員を盾にして幹部が生き残れるようにしているのです。徴兵すれば、これがスライドして徴兵された者を捨て石にして、権力者が生き残るのが戦争のセオリーです。そしてまた、憲法9条に自衛隊が明記され合憲化したら、徴兵制を導入しやすくなるでしょう。

女性自衛官について

　以前普通科中隊で使われてきた機関銃は、10キロぐらいの重さがありました。こうした重い機関銃を使うときには、付属品や弾薬を取り扱う隊員をあわせて3人くらい必要でした。今では機関銃が軽くなり、せいぜい5から6キロ程度です。軽いので女性でも扱うことができます。かつて女性自衛官は、衛生・通信等の直接的な戦闘に参加しない部隊に配備されていました。というのも、沖縄戦などでの日本兵の戦死者の写真をみればわかるように、砲撃されると、服が脱げることがあるからです。さらには、派遣先で身体を拘束されると、性的被害に遭うのが目にみえていたからです。ところが4月18日、稲田さんは女性自衛官を普通科中隊や戦車中隊の中の直接戦闘担任部隊へ配備することを決定しました。女性自衛官にはトイレ用のポンチョが渡されますが、戦車から離れて一人になれば、敵から狙われる危険性が増します。

　女性自衛官を戦車中隊に配備しなかった理由は他にもあります。それは、隊員間で生じかねない風紀上の問題を考えてのことでした。また、戦車という密室の中に女性自衛官が配備されると、性暴力等の被害が起きるかもしれません。実際に自衛隊内部では隠蔽が図られていますが、セクハラが多発しています。

　＊本稿は、2017年8月15日に編者の飯島滋明と清末愛砂が末延隆成さんから伺った話を要約し、本人の確認を得たものです。

元自衛隊員・西川末則さんは語る

憲法を変えなければならない不都合はありません。

にしかわ・すえのり／1970（昭和45）年4月7日佐世保教育隊入隊。110期練習員。同年45年8月8日護衛艦あさぐも乗艦。2006（平成18）年2月2日退職。退職時は佐世保基地業務隊（車両科）に所属。現在はラジコンショップを経営すると同時に、主に航空写真撮影や農業の自然農法を研究、発明アイデアの開発販売促進も行っている。（写真は自衛官当時のもの）

　自衛隊を憲法に明記する憲法改正には反対です。
　集団的自衛権が認められた安保法制がある状態で自衛隊を憲法で認めたら、海外での武力行使を認めたことになります。私たち自衛官は、日本への攻撃なら命がけで日本を守ります。しかし、2015年に自民党と公明党が成立させた安保法制は、日本が攻撃されてもいないのに海外での戦争を自衛官に命じるものです。安保法制に基づいて後輩の自衛官たちが海外での戦闘を命じられ、命を落とすことは先輩として絶対に我慢できません。後輩の自衛官たちも安保法制ができたことで「艦に帰りとうなか」「辞めたか」と基地近くのラーメン屋で言っているのを聞いています。
　安保法制がある状態で憲法改正を認めたら、自衛隊の海外での戦闘を認めたことになります。
　そもそも憲法を変えなければならない不都合はありません。憲法9条があったおかげで、私たち自衛隊は戦争に行かずに済みました。日本は憲法の平和主義に基づき、戦争をしている国々の調整役になるべきです。

※本稿は、2017年8月9日、長崎にて飯島が聞き取りした内容を要約し、西川さんの確認を経たものです。

第2部 その他の〈明文改憲〉で何が変わるのか

1 あきらめていない緊急事態条項 …………………………………… 榎澤幸広
2 唐突な高等教育の無償化 …………………………………………… 渡邊弘
3 参議院議員選挙「合区」解消ってなんだ ………………………… 石川裕一郎
4 家族の助け合い明文化 ……………………………………………… 清末愛砂
5 〈新しい権利〉を加えることは必要か …………………………… 岩本一郎

1 あきらめていない緊急事態条項

改憲案（発言）はこれだ。

● 大規模災害などの緊急時に国民の安全を守るため、国や国民がどのような役割を果たし、国難を乗り越えていくかを憲法にどう位置づけるかというのは極めて重く大切な課題だ。特に緊急事態に際し、衆院議員が不在となってしまう場合があるのではないか、との指摘は現実的で重要な論点だ。国会のあり方や役割、民主主義の根幹に関わることでもあり、国会でよく議論をしてほしい。（「2017年5月3日付読売新聞の安倍首相インタビュー全文」より一部抜粋）

● 祖父「今の日本の憲法では国会議員の選挙は予定どおりに行わねばならんのじゃ。大地震の翌日でも!!」
　息子の妻「そんなことしてる場合じゃないでしょ!!」
　父「国会議員の任期は憲法で決まってるんだよ。憲法は最高法規なわけだし」
　夫「融通が利かねぇなぁ～」
　祖父「憲法に融通があるかバカモン!!　融通の問題ではなく万が一の場合の想定が甘いんじゃ。……」
（自民党『ほのぼの一家の憲法改正ってなあに？』〔2015年〕33頁）

Q1 今の憲法には2012年自民党案のような緊急事態条項がないのですか？

Q2 大規模災害が生じたら対処できるのですか？

Q3 議員任期の延長のみに限定するって不思議ではないですか？

第2部　その他の＜明文改憲＞で何が変わるか

Q1 今の憲法には2012年自民党案のような緊急事態条項がないのですか？

A1 2012年自民党案のように章は設けませんが、緊急時に対応できる規定は存在します。

　日本国憲法の「国会」の章(4章)では、内閣が必要と判断した時や一定数の議員の要求により内閣は臨時会を召集決定しなければなりませんし(53条)、衆議院解散時に生じた緊急時にも内閣は参議院の緊急集会を求めることができるとされています(54条2項)。これは、憲法が民主主義の考え方を大切にし国会中心主義という立場を採用するので、緊急時でも明治憲法や自民党案のような政府に力を一極集中させる考え方、"緊急時"を口実に言論弾圧といった人権侵害を行うなど時の政権にとり都合のよい判断をさせるやり方を採っていないのです(例えば、1946年11月内閣発行の『新憲法の解説』からも読み取れます)。

　明治憲法には緊急事態条項がいくつかありましたが、特に緊急勅令(8条)が濫用され、例えば、1928年6月、田中内閣は議会で審議未了となり廃案になった治安維持法改正案を緊急勅令(≒政令)で強引に通しました。こうした反省の上に今の憲法があるのです。

　ただ、今国会でも野党側が臨時会開催を要求したにもかかわらず、6月22日以来3か月以上も開催を引き延ばし、その上首相は9月28日開催の臨時会冒頭での衆院解散を表明するという、平時ですら首相や内閣が上記の憲法の考え方や反省をふまえない行動に出てしまいました。ちなみに2012年自民党案では、20日以内に召集するとしていました。

Q2 大規模災害が生じたら対処できるのですか?

A2 政府が災害対策基本法等の規定通りに事前準備を行っていれば、対処できます。

　災害対策基本法等は先述の臨時国会を召集決定したり緊急集会を求める余裕がなければ物資の配給など内閣の緊急政令制定を認めるし、首相による自治体・省庁への指示権、自衛隊派遣権限や警察統括権、知事による医療・土木関係者などへの従事命令、市町村長によるがれき撤去権限なども認めているのです。この点、長年被災者支援活動に携ってきた永井幸寿弁護士は、過去の震災などで対処ができなかった理由は憲法が原因ではなく、国の防災基本計画の策定義務や省庁・自治体の防災訓練実施義務が対策法に示されているのに「適正な事前準備」をしてこなかったからだといいます(清末愛砂ほか編『緊急事態条項で暮らし・社会はどうなるか』(現代人文社、2017年、31-32頁)。

　また、首相発言は「大規模災害などの緊急時」としているので注意が必要です。この点、自民党案は①我が国に対する外部からの武力攻撃、②内乱等による社会秩序の混乱、③地震等による大規模な自然災害、④その他の法律で定める緊急事態と4つあげ、災害の優先順位は3番目となっているのです。ちなみに、選挙に関しては、公職選挙法は緊急時での被災地の繰延投票(57条1項)や特定地域に関する特例(8条)を規定しているのです。

条文

大日本帝国憲法第8条　天皇ハ公共ノ安全ヲ保持シ又ハ其ノ災厄ヲ避クル為緊急ノ必要ニ由リ帝国議会閉会ノ場合ニ於テ法律ニ代ルヘキ勅令ヲ発ス
　②此ノ勅令ハ次ノ会期ニ於テ帝国議会ニ提出スヘシ若議会ニ於テ承諾セサルトキハ政府ハ将来ニ向テ其ノ効力ヲ失フコトヲ公布スヘシ

第2部　その他の＜明文改憲＞で何が変わるか

Q3 議員任期の延長のみに限定するって不思議ではないですか？

A3 多数派と同じ首相が継続的に居座ることも可能になります。

　2012年自民党案は緊急事態時に首相や内閣に力を集中させ、普段は法律よりも効力が劣る政令を法律と同一の効力を有するものとして制定でき、一定の人権制限も可能と政府の役割を中心に示しました（議員任期延長は全体の8分の1で一番最後〔99条4項〕）。

　しかし最近は、批判のある強固な首相権限を脇に置き、国民により共感を呼べそうな「衆院議員の任期延長」にシフトしたのです。しかしこの議論は、国民が（震災対応も含め）全国民の代表である議員を新たに選ぶチャンスを奪うことになります（震災が日本全土ではなく一部の地域で生ずるという点も重要）。特に緊急事態や延長の判断などが首相に委ねられた場合、首相が解散権を濫用した今回の衆院解散以上に首相による国会のコントロールが強められることになってしまいます（自民党案に近づく!?）。

　さらに、国会の多数派から首相が選ばれる議院内閣制を採用する日本では、その間、多数派と同じ首相が継続的に居座ることも可能になるでしょう（自民党総裁任期延長や任期制限撤廃案も関係）。

　また、衆院解散後40日以内に選挙を行わないのは憲法54条1項違反になり緊急時に対応できない、という意見もあるのですが、当の政府解釈は正当な理由があれば必ずしもこれに拘束されない、としている点も忘れてはならないでしょう。

（榎澤幸広）

オススメの一冊

浦沢直樹『20世紀少年』（小学館、2007年）

　このマンガは、"ともだち"と呼ばれる人物と彼を慕う人々が集った政治組織"友民党"が世界を支配していく話です。きっかけは爆破や細菌によるテロ（緊急事態）であり、そのテロにより大多数の民間人だけでなく多くの議員も死んでしまうことにあります。その時事態を収拾したのは、なぜか全く無傷だった友民党議員らでした。結果、彼等はヒーローと崇められ、その後の実権を握っていくことになります。ただそれらは全て彼らの筋書き通りで、その先に待っている世界は、不都合な歴史や反対派の声を封じる（暗殺も含む）徹底的に人権が抑圧される社会でした。映像化もされた本作品は架空の話であるものの、憲法や緊急事態条項の問題を考えるきっかけになると思われます。

35

2 唐突な高等教育の無償化

改憲案(発言)はこれだ。

これまでも安倍内閣は給付型奨学金の創設や幼児教育の無償化に取り組んできたが、世代を超えた貧困の連鎖を断ち切り、1億総活躍社会を実現する上で教育が果たすべき役割は極めて大きい。

70年前、憲法が普通教育の無償化を定め、小中学校も9年間の義務教育制度が始まった。我が国が戦後発展していく大きな原動力になった。しかし、70年の時を経て経済も社会も大きく変化した。子どもたちがそれぞれの夢を追いかけるため、高等教育も全ての国民に真に開かれたものとしなければならない。

中学を卒業して社会人になる場合、高校を卒業してなる場合、大学を卒業してなる場合。それぞれの平均賃金には相当の差がある。より高い教育を受ける機会をみんなが同じように持てなければならない。

(読売新聞 2017年5月3日　安倍首相インタビュー)

Q1 高等教育の無償化は、憲法を改正しなければ実現しないのでしょうか？

Q2 教育費用について、政府はどのような政策を行ってきたのでしょうか？

Q3 教育の無償化は教育内容の統制につながりませんか？

第２部　その他の＜明文改憲＞で何が変わるか

Q1 高等教育の無償化は、憲法を改正しなければ実現しないのでしょうか？

A1 憲法を変えなくても法律を作れば、高等教育の無償化は可能です。

そもそも、憲法は高等教育の無償化を禁止していません。したがって、憲法を変えなくても法律を作れば無償化することは可能です。憲法を変えなくてもできることを変えなければできないかのように言うことは、詭弁と言えましょう。自民党の内部からも「法律でできるのに『国民受け』だけを狙うのは、憲法改正を目的化しているもので筋違い」（西田昌司参議院議員）という意見が出ています（東京新聞電子版2017年8月2日）。

高等教育の授業料は、国立大学の昼間部で年間53万5,800円（2017年）、私立大学平均で86万4,384円（2014年）などとなっており、極めて高額です。文部科学省によれば高等教育機関への進学率は約80％になりますから（2016年）、高等教育にかかる費用の問題は一部の人だけに関係するわけではありません。また、進学率が上昇傾向にあるとはいえ、「格差社会」化の広がりなどから経済的理由で進学できないという人も少なくありません。このような状況を見れば、経済的理由によって進学を躊躇してしまう人々に対して充分な支援策を打ち出すことこそ喫緊の課題でしょう。そしてそれは、改憲をしなくとも、法律を作り予算を手当てすれば今すぐにでも実現可能です。安倍政権与党は国会で多数を占めているのですから、安倍首相が本気になれば法律も予算も可決されるはずです。すぐにできることをやらないで、実現するのが難しく時間もかかると思われる改憲ばかり主張するのでは、安倍首相が本気で教育の無償化を実現したいと思っているのか、疑わしいと言わざるを得ません。

条文

社会権規約13条　この規約の締約国は、教育についてのすべての者の権利を認める。締約国は、教育が人格の完成及び人格の尊厳についての意識の十分な発達を指向し並びに人権及び基本的自由の尊重を強化すべきことに同意する。更に、締約国は、教育が、すべての者に対し、自由な社会に効果的に参加すること、諸国民の間及び人種的、種族的又は宗教的集団の間の理解、寛容及び友好を促進すること並びに平和の維持のための国際連合の活動を助長することを可能にすべきことに同意する。（次頁へ続く）

Q2 教育費用について、政府はどのような政策を行ってきたのでしょうか?

A2 無償の範囲を限定的にとらえてきました。

憲法26条2項は、義務教育の無償を定めています。これに基づき、政府は小学校・中学校段階では授業料を徴収していません(私立学校を除く)。教科書についても、別に法律を作って小・中段階では無償にしてきました。ただし、給食や体操服、遠足や修学旅行にかかる費用などは基本的に有償です。

高校の授業料については、2010年に公立高等学校授業料無償制度・高等学校等就学支援金制度が作られ、公立高校の授業料に相当する額が支給されることとなりました。しかしこの制度は、2014年4月入学者から所得制限が導入されました。加えてこの制度は、朝鮮高級学校(高校相当)在学者を支援の対象から除外しています。

そもそも憲法が、家庭の経済力などに関わりなく義務教育の無償を定めているのは、義務教育である初等教育・前期中等教育(小中段階の教育)が子どもの成長・発達にとって不可欠なものであり、教育を受けることは基本的人権であるという考え方によるものです。人権としての教育を保障するために全ての児童・生徒を無償としているのであれば、授業料や教科書だけではなく、学校で勉強するのにかかる費用の全てを無償にするべきだと考えられます。

条文

② この規約の締約国は、1の権利の完全な実現を達成するため、次のことを認める。
　(a)　初等教育は、義務的なものとし、すべての者に対して無償のものとすること。
　(b)　種々の形態の中等教育(技術的及び職業的中等教育を含む。)は、すべての適当な方法により、特に、無償教育の漸進的な導入により、一般的に利用可能であり、かつ、すべての者に対して機会が与えられるものとすること。
　(c)　高等教育は、すべての適当な方法により、特に、無償教育の漸進的な導入により、能力に応じ、すべての者に対して均等に機会が与えられるものとすること。

第2部　その他の＜明文改憲＞で何が変わるか

Q3 教育の無償化は教育内容の統制につながりませんか？

A3 費用負担と教育内容・方法は別個の問題です。

　A1で見たように、憲法はどの段階であれ教育を無償化することを禁止していません。また、A2で見たように、教育を受けることは基本的人権そのものです。教育とお金に関わる問題について考える場合には、この二点を出発点にしなければなりません。

　条約上も、社会権規約は初等教育の無償と中等教育・高等教育における無償教育の漸進的導入を定めています（同規約13条2項）。日本政府もこの条約は批准していますから、この条約に拘束されることとなります。高校段階（後期中等教育）や大学などの高等教育について無償化を実現する政策を実行することは、条約上の義務と言えましょう。

　また、憲法は19条で思想・良心の自由を、21条で表現の自由を、23条で学問の自由を保障しています。学校における教育の内容・方法は、これらの条項をふまえて設定される必要があり、ある特定の方向性を持った徳目を注入するようなことは慎まなければなりません。この点に関連して、「国が教育に関する費用を出すのだから、教育内容も国が定めるのは当然だ」ということが主張される場合があり得ますが、そもそも、費用負担の問題と教育内容・方法の問題は切り離して考えなければなりません。

（渡邊弘）

オススメの一冊

世取山洋介・福祉国家構想研究会編『新福祉国家構想2　公教育の無償制を実現する』（大月書店、2012年）。

　教育の無償を実現するために求められることは何か、全面的に検討した本です。日本における教育条件整備に関わる政策の展開過程を歴史的に検討した上で、学校の設置、クラスの定員、先生の給与や待遇、教材などの整備など、教育条件の整備全般について詳しく論じています。その上で、教育に関わる費用負担に関する現状と憲法の理念をふまえ、あるべき政策を提起しています。520頁もある分厚い本ですが、教育の無償について考える際に外すことができない本です。

3 参議院議員選挙「合区」解消ってなんだ

改憲案（発言）はこれだ。

- 47条　選挙区、投票の方法その他両議院の議員の選挙に関する事項は、法律で定める。この場合においては、各選挙区は、人口を基本とし、行政区画、地勢等を総合的に勘案して定めなければならない。

  （2012年自民党案）

- 自民党は26日、憲法改正推進本部の全体会合を開き、参院選の「合区」の解消に向けた憲法改正について議論した。参院議員を中心に100人以上が出席、「地方の声が国政から失われる」などと合区の弊害を指摘し、選挙に関して規定する憲法47条の改正を求める発言が相次いだ。[…]／徳島との合区により、予定していた高知選挙区から比例代表に回った中西哲氏は、「高知、徳島は前回の衆院選で選挙区が各1つ減らされた。その上に参院を減らしてここまでバカにされるのか、というのが県民の声だ」と訴えた。[…]

  （「憲法改正で「合区」解消を 自民党推進本部で弊害訴える声相次ぐ」／産経新聞2017年7月27日付）

Q1 そもそも「合区」とは何ですか？

Q2 「国会議員は地域の代表」ではないのですか？

Q3 国会に「地域の代表」は必要ではないのですか？

第2部　その他の＜明文改憲＞で何が変わるか

Q1 そもそも「合区」とは何ですか？

A1 目的は「一票の格差」解消です。

　2015年7月、国会で改正公職選挙法が成立、現行憲法下で初の「合区」が導入されました。「合区」とは、それまですべて都道府県単位であった参議院議員の選挙区を複数統合することです。その目的は、「憲法が保障する『法の下の平等』に反する」と指摘されてきた「投票価値の不均衡」、いわゆる「一票の格差」の是正にあります。その結果、過疎化が著しい鳥取と島根、徳島と高知の各選挙区がそれぞれ統合されました。

　参議院選挙の「一票の格差」をめぐって、かつて最高裁判所は、格差が最大6.59倍に及んだ1992年の選挙について「違憲の問題が生じる程度の著しい不平等状態（いわゆる「違憲状態」）」と認定しましたが、格差是正のための「相当期間」が経過していないとして違憲判断は回避しました（最大判1996.9.11）。しかし、格差が最大5倍だった2010年の選挙については、「違憲状態」という従来の判断を維持しつつも、「一票の格差」是正のため都道府県単位の選挙区割りの見直しを国会に迫ります（最大判2012.10.17）。その姿勢は、格差が最大4.77倍に及んだ2013年の選挙についても同様でした（最大判2014.11.26）。

　このような司法府からの圧力を受け、立法府が重い腰を上げて実現したのが「合区」なのです。いまだ、2016年に行われた初の「合区」選挙では、なお最大3.08倍の格差があったものの、最高裁は「合憲」との判断を下しています（最大判2017.9.27）。

41

Q2 「国会議員は地域の代表」ではないのですか？

A2 国会議員は「地域の代表」ではなく「国民の代表」です。

　さて、この「合区」に対して最も強い不満を抱いているのが、地方に厚い支持基盤を持つ自由民主党です。初の「合区」選挙となった2016年の参院選直後に同党内に発足した「参院在り方検討プロジェクトチーム」では、「3年毎に各都道府県から最低1人の議員選出」を憲法に明記すること等が主張されています。同様に、「合区」の対象となった県の地元メディアも、「地方の住民を軽んじる合区は、今回限りで廃止すべきだ」（徳島新聞2016年7月11日付社説）、「民意をすくい取る上で、合区制度は深刻な課題を残したと言わざるを得ない」（高知新聞2016年7月11日付社説）といった意見からうかがえるように、「合区」に対して総じて批判的です。

　では、「合区」によって本当に地方の声は国政に届きにくくなるのでしょうか。この点について憲法43条は、「両議院は、全国民を代表する選挙された議員でこれを組織する」と規定します。これは、参議院議員はその出身選挙区がどこであろうと「全国民の代表」であって、「ある一地域（出身都道府県）の代表」ではないということを意味しています。つまり、憲法は、たとえば東京や神奈川選出の議員であっても高知や徳島の住民のことを考えて行動することを要請しているのです。

条文

日本国憲法14条　すべて国民は、法の下に平等であつて、人種、信条、性別、社会的身分又は門地により、政治的、経済的又は社会的関係において、差別されない。
　②華族その他の貴族の制度は、これを認めない。
　③栄誉、勲章その他の栄典の授与は、いかなる特権も伴はない。栄典の授与は、現にこれを有し、又は将来これを受ける者の一代に限り、その効力を有する。

同44条　両議院の議員及びその選挙人の資格は、法律でこれを定める。但し、人種、信条、性別、社会的身分、門地、教育、財産又は収入によつて差別してはならない。

第2部　その他の＜明文改憲＞で何が変わるか

Q3 国会に「地域の代表」は必要ではないのですか？

A3 「地域の代表」という固定観念を超えて、根本的な議論をしましょう。

　とはいえ、実は最高裁も、参議院議員には地域代表的な性格もあることを認めています（最大判1983.4.27）。しかし、そのうえで最高裁は、「法の下の平等」（14条1項）および「平等選挙」（44条）といった憲法上の諸原則に照らし、2010年と2013年の選挙は違憲状態にあると判断したのです。このことは、仮に47条を改定したところで根本的に変わるものではありません。

　では、憲法43条を改定して「参議院議員は地域の代表でもある」旨を明記するのはどうでしょうか。この場合、その影響は従来の参議院の役割や二院制の見直し、さらには連邦制導入の是非にまで及びます。そういった統治機構の根幹に関わる議論もせずに43条を変えるのは、あまりにも軽率な振る舞いであると言わざるをえないでしょう。

　思うに、ここではいったん「参議院議員＝地域の代表」という固定観念を捨てることが求められています。そもそもその「声が政治に届きにくい」のは、「地方」だけではありません。「女性」「障害者」「若年層」「性的少数者」「野宿者」「少数民族」等、聴くべき「声」は様々です。これらを遍く汲み取っていかに政治に反映させるか──選挙制度とは、本来このような大局的な視点から議論すべき事柄なのです。

（石川裕一郎）

オススメの一冊

新井誠・小谷順子・横大道聡（編著）『地域に学ぶ憲法演習』（日本評論社、2011年）

　「一票の格差」問題が容易に解決できないことの原因の一つに、「地方の声が政治に届きにくい」という地方住民の思いがあることは確かです。しかし、住民の声を政治に反映させる手段は、なにも選挙に限られません。それは、市民運動や住民運動を通じた日常的な行政への働きかけのような、市民の能動的かつ主体的な政治参加という形をもとりうるものです。

　そのような意識の下に、主として地方大学に籍を置く憲法学者たちが各々の地元が抱える多種多様な問題（本章のテーマでもある鳥取・島根の「合区」問題も含まれています）を取り上げて論じたのが本書です。真の意味で政治を市民のものとする方途を探るうえで、さまざまな示唆を与えてくれる一冊です。

4 家族の助け合い 明文化

改憲案(発言)はこれだ。

- 「家族は、社会の極めて重要な存在ですが、昨今、家族の絆が薄くなってきていると言われています。こうしたことに鑑みて、24条1項に家族の規定を新設し、『家族は、社会の自然かつ基礎的な単位として、尊重される。家族は、互いに助け合わなければならない』と規定しました。」(自由民主党 憲法改正推進本部『日本国憲法改正草案Q&A〔増補版〕』2013年、16頁)

- 「今の憲法は『家族』よりも『個人』のほうが重いのです。だから憲法学者によっては憲法二十四条は『近代家族を崩壊させる要素を含んでいる』と述べるくらいです。」(明成社編集部、百地章監修『女子の集まる 憲法おしゃべりカフェ』初版第7刷、2016年、30頁)

- 「社会保障というものの根底にあるのは『世代間の助け合い』ということであって、これを壊してしまったら、社会保障はそれ自体成り立たなくなる、と言うべきであるからです。」(伊藤哲夫・岡田邦弘・小坂実『これがわれらの憲法改正提案だ―護憲派よ、それでも憲法改正に反対か?』日本政策研究センター、2017年、171頁)

Q1 今の憲法には家族に関する規定はないのですか?

Q2 憲法に家族の助け合いを明文化すると どうなりますか?

Q3 憲法24条には他にどんな価値がありますか?

第2部　その他の＜明文改憲＞で何が変わるか

Q1 今の憲法には家族に関する規定はないのですか？

A1 家庭生活における個人の尊厳と両性の本質的平等を規定する24条があります。

　大日本帝国は「家」を国の基礎的単位としていました。明治民法（昔の民法の親族編・相続編）の下で、各家には家長である戸主が存在し、構成員（戸主と同一戸籍の者）に対する婚姻や養子縁組の同意権、居所指定権等が与えられていました。また、原則直系の長男が戸主の地位と財産を継いでいました。「家制度」と呼ばれるこの仕組みは、明らかに男性優位のものでした。明治民法はまた、妻の財産管理権を夫に与える等、不平等な夫婦関係を定めていました。

　家制度が導入された理由は、①さまざまな考えを持つ個人は統制しにくいため、国家の末端部を形成する単位を家とし、②各家の内部に支配関係を作ることで従順な臣民（天皇の家来）を育て、③天皇を唯一の主権者とする軍事国家を築くことにありました。国のために家族が利用され、個人とりわけ女性の人格が著しく軽視されました。こうした状況を変えるために、①両性の合意のみに基づく婚姻と夫婦の同等の権利（1項）、②個人の尊厳と両性の本質的平等に基づく家族関連法の立法（2項）を規定する24条が導入されました。その下で民法が大改正され、家制度が廃止されました。1950年以降の改憲の動きの中で、24条は愛国心や家族の価値を損なわせると批判されてきました。大日本帝国同様、家族こそが「社会の自然かつ基礎的な単位」となるべきという考え方が根強くあるからです。しかし、同帝国の歴史は、個人を基礎的単位としなければ、一人ひとりの人格は尊重されないことを物語っているのではないでしょうか。

条文

日本国憲法24条　婚姻は、両性の合意のみに基いて成立し、夫婦が同等の権利を有することを基本として、相互の協力により、維持されなければならない。
　②配偶者の選択、財産権、相続、住居の選定、離婚並びに婚姻及び家族に関するその他の事項に関しては、法律は、個人の尊厳と両性の本質的平等に立脚して、制定されなければならない。

45

Q2 憲法に家族の助け合いを明文化するとどうなりますか?

A2 家族が社会保障の肩代わりをさせられます。

「家族の尊重」「家族の保護」という言葉を耳にすると、うなずく人も多いでしょう。家族を大切にする気持ちを持つこと自体、何ら問題はありません。しかし、憲法にこれらの文言を盛り込むことと、家族への個人の気持ちは別々に考えるべきです。国の政策に家族を中心とする考え方が過度に反映されると、個人の人格が否定されかねません。また、日本は世界有数の少子高齢化社会です。したがって、高齢者用の公的な介護制度の拡充が必須ですが、それには多額の費用がかかります。こうした状況下で、家族の価値を強調する文言が24条に加わると、家族、特にその世話を期待されてきた女性は、ますます社会保障の肩代わりを求められることになるでしょう。国が家族や世代間の助け合いに頼る行為は、社会保障の放棄にあたります。少子高齢化や貧困対策で必要なのは、25条(生存権)に基づく社会保障を公的資金で拡充することです。

また、一見問題がなさそうに見える家族でも、DVのような暴力が生じている場合があります。家族内の力関係、特に今も根強く残る男性中心的な力関係が暴力を生み出しています。「家族だから我慢すべき」と思う人もいるでしょう。そうだとすれば、家族の名の下で暴力は肯定され続けます。24条はこうした暴力を根絶し、暴力に苦しむ人々(特に女性)が尊厳を取り戻すことができるような救済手段を法制化(DV防止法等)する、憲法上の根拠条文にもなっています(24条2項)。

第2部 その他の＜明文改憲＞で何が変わるか

Q3 憲法24条には他にどんな価値がありますか？

A3 24条は憲法の平和主義を構成する重要な条文です。

24条の大きな意義の一つは、前文や9条等とともに憲法の平和主義を構成する点にあります。その理由は、①大日本帝国の軍事体制を強固に支えた家制度を廃止したこと、②個人の尊厳や両性の平等は、一人ひとりの人格が尊重される非暴力な社会なしには達成できないこと、③憲法前文の平和的生存権は恐怖からの解放を謳っており、それには家族内で起きる暴力からの解放も含まれること等にあります。

9条は戦争や武力行使等の放棄と戦力の不保持を規定しています。これらが求めることは、戦う兵士を必要としない非暴力な社会の実現です。しかし、9条だけでは、そのような人間を作ることはできません。一方、家族内の暴力を否定する24条は、個人の意思に基づきさまざまな形態をとる家族が、①武器の使用を含む暴力に頼らない人間を育てる教育の場となること、および②軍国主義や愛国心を強制しようとする国家に従わない人間を育てる教育の場となることを求める条文と考えることができます。このような観点に立つと、24条と9条は非暴力を共通点として密接につながっており、互いに補完し合う関係にあることがわかります。したがって、憲法の平和主義を語る際には、24条の価値を理解することが必要なのです。

（清末愛砂）

オススメの一冊

中里見博『憲法24条＋9条－なぜ男女平等がねらわれるのか』（かもがわ出版、2005年）

24条の原型は、GHQ（連合国軍総司令部）の民政局スタッフであったベアテ・シロタ・ゴードンさんが作りました。オーストリア生まれのベアテさんは若い頃、家族とともに日本に住んでいました。ピアニストである父親が東京藝術大学の教授を務めていたからです。そのときに日本の女性が家制度等により抑圧される姿を見てきた経験から、女性が幸せにならなければ、日本は平和にならないと考えたのです。24条の成立過程やその意義、ベアテさんの思想、また改憲が狙われてきた理由をもう少し詳しく知りたいという人に、本書は一押しのブックレットです。本書はまた、本文で触れた24条の多岐にわたる価値を平易な文体で教えてくれます。

47

5 〈新しい権利〉を加えることは必要か

改憲案(発言)はこれだ。

- 第25条の2　国は、国民と協力して、国民が良好な環境を享受することができるようにその保全に努めなければならない。(2012年自民党案)

- 「環境権について、我が党の議論では、13条の幸福追求権の解釈や環境基本法等の立法措置によって実現し得るという意見がある一方、かつての人間中心主義とは異なる地球環境という視点や地球温暖化問題が提起される中で、一つの大きな基本的人権として憲法に明記すべきという強い意見がある。」(2017年5月25日　斉藤鉄夫議員(公明党)の衆院憲法審査会での発言概要)

- 「民進党の枝野幸男憲法調査会長は5日、さいたま市内の集会で憲法改正で優先すべき項目を示した。(1)知る権利の拡充(2)衆院の解散権の制約(3)国と地方のあり方、の3点。『民進党が憲法の議論に及び腰というのは誤解だ。必要なものがあれば積極的に提言する』とも語った。」(日本経済新聞2017年8月5日)

Q1 憲法を改正しなければ、新しい人権は保障されないのでしょうか？

Q2 今の憲法では、環境権が人権として保障されていないのでしょうか？

Q3 知る権利を拡充するために、憲法への明記は必要なのでしょうか？

第2部 その他の＜明文改憲＞で何が変わるか

Q1 憲法を改正しなければ、新しい人権は保障されないのでしょうか？

A1 憲法には新しい人権を組み込む仕組みがあります。

　憲法が制定されて70年も経つと、人権のカタログも古くなり、メンテナンスの必要があるのではないかという声を聞きます。しかし、日本国憲法には、新しい人権をカタログに加えるための特別な仕組みが埋め込まれています。いわば「人権の魔法の杖」があるのです。それが、憲法13条の幸福追求権という権利の役目です。

　そもそも人権は、それぞれの人が自分の生きる目標を見つけて、その目標を実現することを通じて自分らしく生きるために不可欠な自由や権利を保障するものです。しかし、時代や環境の変化にともない、新しい人権の保障が必要になることもあります。幸福追求権はその根拠となる権利なのです。

　プライバシーの権利について考えてみましょう。マスメディアや情報通信技術が格段に進歩し、私たちの生活が便利になった反面、私たちは、人には知られたくない秘密が暴かれ、そのために世間の見る目が変わってしまうのではないかという不安に襲われます。個人の秘密が守られることは、人が自分らしく生きるために必要不可欠な条件です。そこで登場したのがプライバシーの権利です。

　プライバシーの権利は現在、幸福追求権から導かれる憲法上の権利の1つとされています（最大判1969.12.24）。無断で写真を撮られない権利、指紋押なつを強制されない自由、令状なしにGPSの捜査を受けない権利など、プライバシーの権利を具体化する判例が積み重ねられています。

49

Q2 今の憲法では、環境権が人権として保障されていないのでしょうか?

A2 環境権は学説では、憲法で保障された権利と考えられています。

　環境権は1960年代の公害訴訟の中で提唱され、現在では、憲法上の権利の1つであると考えられています。第1に、人間が生きるに適した良好な環境は、人間の生命活動を支える基本的な条件として、私たちの幸福追求に欠かせません。したがって、幸福追求権から導くことのできる人権です。第2に、良好な環境は「健康で文化的な最低限度の生活」の基盤であり、環境権は憲法25条が保障する生存権とも密接に関連します。ただし、環境権の内容は抽象的であるため、その具体的な内容をどう規定するかは、国会の広い裁量に委ねられることになります。

　良好な環境を保全する国民の協力義務を憲法に明記することには問題があります。環境保全のために企業の経済活動を規制するだけであれば、現在でも公共の福祉を理由に認められますから、このような規定は不要です。また、国が国民の生活全般に介入する根拠として使われるならば、国民の自由を後退させる憲法改正であり適切ではありません。現在国が取り組むべき課題は、原発事故や地球温暖化のような国境を越えた環境問題であり、国が果たすべき役割は重大です。国民の協力義務の明記は、このような地球環境問題に関する国の責務を曖昧にします。

条文

日本国憲法13条　すべて国民は、個人として尊重される。生命、自由及び幸福追求に対する国民の権利については、公共の福祉に反しない限り、立法その他の国政の上で、最大の尊重を必要とする。

同21条　集会、結社及び言論、出版その他一切の表現の自由は、これを保障する。
　②検閲は、これをしてはならない。通信の秘密は、これを侵してはならない。

同25条　すべて国民は、健康で文化的な最低限度の生活を営む権利を有する。
　②国は、すべての生活部面について、社会福祉、社会保障及び公衆衛生の向上及び増進に努めなければならない。

第2部　その他の＜明文改憲＞で何が変わるか

Q3 知る権利を拡充するために、憲法への明記は必要なのでしょうか？

A3 知る権利の明記は必要がないだけでなく、誤用されるおそれがあります。

　知る権利を憲法に明記する意義は乏しいと言えます。最高裁はかなり早い段階で、憲法21条によって保障される権利の1つであるとしています（最大決1969.11.26）。表現活動においては、情報の送り手と受け手は表裏の関係にあるからです。また、国民による熟議と参加を柱とする民主政においては、国民がまず、正しい情報と多様な意見に触れる必要があるからです。

　「知る権利の拡充」は、特定秘密保護法の運用や自衛隊の「日報」問題などにみられる政府・官僚の隠蔽体質を打破するために言われています。しかし、情報公開制度を欧米並みに整備し、「国家機密」の指定に対する国会のチェック機能を高めることが先決です。

　政府はその一方で、マスメディアに露骨に圧力をかけ、特にテレビ局に対して、放送法の「公平原則」を振りかざして、政府批判を抑え込もうとしています。しかし、政府の監視はマスメディアの存在意義ですし、報道の公平性は、マスメディアの自主的な判断に委ねるべきです。知る権利が明記されると、かえって国が受け手の権利を「口実」にマスメディアへの締めつけを強める危険があります。自由で闊達な議論の中から真理が発見されるという表現の自由の前提を崩してはなりません。

（岩本一郎）

オススメの一冊

放送を語る会『安保法案　テレビニュースはどう伝えたか──検証・政治権力とテレビメディア』（かもがわ出版、2016年）

　政府によるマスメディアへの圧力はますます高まっています。政府に近い人物をNHK会長に起用したり、放送免許の取消や電波の停止をちらつかせたりして、テレビ局に対して政府の意向を「忖度」するよう促しています。本書は、2015年9月に成立した安保関連法をめぐるテレビ報道を具体的に検証したものです。テレビ局が政府によってコントロールされている様子がよくわかります。改憲論議でも、改憲を積極的に支持する論調がマスメディアを支配するでしょう。今から、マスメディアから流される情報を批判的に見る目を持つよう努めましょう。

第3部 憲法を守り育てるために

1 国民投票法にも問題アリ！ ……………………………………………………池田賢太
2 憲法破壊に抗して――「ナチスの手口」に酷似している安倍内閣の手法………岩本一郎
3 沖縄と明文改憲 軍事力によらない平和が今も求められる ………………髙良沙哉
4 北海道と明文改憲 私たちが主権者として、自衛隊を戦争に
　　　　　　　　　加担させることを迫ることになる ……………………池田賢太

国民投票法にも問題アリ！
国民投票には、国会でも国民の間でも議論が必要

1

キンテイ憲法・ミンテイ憲法

憲法には様々な分類の仕方があります。誰によって制定されたかという視点からは、君主が制定して国民に授けたという形を取る欽定憲法と、国民が制定したという形を取る民定憲法に分けられます。日本においては、大日本帝国憲法が欽定憲法、日本国憲法が民定憲法となります。

日本国憲法の制定過程上の問題として、いわゆる「押しつけ憲法論」もよく聞かれるところです。しかし、マッカーサー草案には、憲法学者の鈴木安蔵などが参加した「憲法研究会」(1945年発足)の案が相当に参考にされていますし、1946年5月16日に召集された第90回帝国議会では、衆議院、貴族院での充実した審議を踏まえて、日本国憲法が可決されました(なお、当時の議論は、帝国議会会議録検索システム http://teikokugikai-i.ndl.go.jp/ で触れることができます)。

マッカーサー草案がベースにあったとしても、普通選挙で選ばれた女性議員を含む戦後の新しい議会で審議され、多くの国民の支持を受けた日本国憲法は、民定憲法の名に十分に値する憲法です。

国民投票で決めるなら問題ない？

2012年自民党案は、「この憲法の改正は、衆議院又は参議院の議員の発議により、両議員のそれぞれの総議員の過半数の賛成で国会が議決し、国民に提案してその承認を得なければならない。」として、現行憲法96条の要件を緩和していますが、ここには重大な問題を含んでいます。

まず、現行憲法は、国会議員に憲法改正案の発議権を認めていません。

第3部　憲法を守り育てるために

これは、憲法改正にいう「発議」は、単に原案を提出するという意味（国会法56条）ではなく、①憲法改正案が提出され、②各議院による審議と議決を経て、③改正案が可決される、という一連のプロセスを含むからです。現行憲法は、憲法の改正には、国会に慎重かつ充実した議論を求め、各議院として責任をもって国民に憲法改正の発議をするよう求めているのです。

　また、自民党は、国会での手続を厳格にするとかえって国民の意思を反映しないと言います。しかし、憲法を変えるということは、この国のシステムを根底から変えるということです。現行憲法は、全国民の代表者が集まる国会において、特定の利害や思想にとらわれることなく、慎重かつ充実した議論をすることが、国民投票における重要な判断材料になると考えているのです。

　憲法を作ったのが国民である以上、改正するのも国民でなければなりません。その意味で国民投票は必須です。しかし、その前提には、国会における徹底した議論が必要です。そうでなければ、正しい選択ができない可能性がありますし、誤った選択の責任を国民に転嫁されてしまいます。

国民投票法の問題点

　なにより、国民投票を実施する根拠法である「日本国憲法の改正手続に関する法律（国民投票法）」には大きな問題がいくつもあります。ここでは、最低投票率の問題について触れておきます。

　国民投票法には、最低投票率の定めがありません。例えば、有権者で

条文

日本国憲法96条　この憲法の改正は、各議院の総議員の三分の二以上の賛成で、国会が、これを発議し、国民に提案してその承認を経なければならない。この承認には、特別の国民投票又は国会の定める選挙の際行はれる投票において、その過半数の賛成を必要とする。

　②憲法改正について前項の承認を経たときは、天皇は、国民の名で、この憲法と一体を成すものとして、直ちにこれを公布する。

55

憲法改正国民投票の流れ

憲法改正原案の発議

衆議院議員 100 名以上の賛成

参議院議員　50 名以上の賛成

↓

衆参両議院にて憲法改正原案の可決

憲法審査会で可決

（出席議員の過半数の賛成で可決）

本会議可決

（各議院の総議員の 3 分の 2 以上の賛成で可決）

↓

国会が憲法改正を国民に発議

↓

国民投票期日の決定

憲法改正の発議後 60 日から 180 日以内

↓

国民投票

投票方法：憲法改正案ごとに一人一票

賛成投票の数が投票総数[*]の 2 分の 1 を超えた場合

承認される

↓

憲法改正の公布手続

＊本来の「投票総数」とは、文字どおり全ての投票の総
　数ですが、総務省などの HP にいう「投票総数」とは、
　学説では「有効投票数説」と呼ばれるもので棄権票や
　無効票を含みません。本当の意味で、投票総数ではあ
　りません。

オススメの一冊

本間龍『メディアに操作される憲法改正国民投票』（岩波ブックレット、2017 年）

　本文では最低得票率についてしか触れることはできませんでしたが、さらに大きな問題として、
国民投票には広告規制がほとんどないことも忘れてはなりません。改憲派が、豊富な資金力をフ
ル活用して毎日、テレビ CM を流すとしたら、私たちは適正な判断をすることができるでしょ
うか。

ある国民が100人だったとします。最低投票率の定めがない場合、投票率が20％でも有効な国民投票となります。投票率が20％の場合、投票に行った人は20人、その過半数は11人ですから、11人の賛成があれば憲法が変えられることになります。果たしてこれで国民が定めたと言えるでしょうか。2007年の参議院憲法調査特別委員会でも国民投票法の採決に際し、附帯決議で「低投票率により憲法改正の正当性に疑義が生じないよう、憲法審査会において本法施行までに最低投票率制度の意義・是非について検討を加えること」とされていました。

　また、最低投票率を定めると、護憲派によるボイコット運動を誘発するという反対意見が改憲派から示されることがあります。しかし、憲法改正は、この国のシステムを根幹から変えるということですから、理由のない憲法改正には反対して当然でしょう。改憲派は、そのリスクを回避するためには国会での議論を尽さなければなりません。

（池田賢太）

2 憲法破壊に抗して
「ナチの手口」に酷似している安倍内閣の手法

現代の立憲主義

　立憲主義とは、憲法という国の最上位の法によって国家権力を縛るという考えです。いま日本の立憲主義は、きわめて深刻な危機に陥っています。何よりも、この立憲主義という考えを「王権が絶対権力を持っていた時代の主流的な考え方」とし、立憲主義を時代遅れと広言する者が、内閣総理大臣の職にあるからです。

　しかし、立憲主義は「政治権力は腐敗する」という冷厳な事実から出発するものです。権力を行使する者が君主であるか、民主的に組織された議会であるかは問題ではありません。むしろ19世紀以降、政治の中心が議会に移るにつれ、「多数者による専制」（J.S.ミル）こそが警戒すべきものとなりました。20世紀以降、立憲主義の課題は、議会の多数派から少数者の人権をいかに保護するかという点に移っていきました。この課題に応えるため、議会によって制定された法律が憲法に適合するかどうかを審査する違憲審査制を組み込むことが世界の憲法のスタンダートとなったのです。日本国憲法も現代の立憲主義の流れに属しています。

憲法を破壊する「ナチの手口」

　日本で進行している立憲主義の危機はもう1つあります。それは、日本国憲法の条項に明らかに反する政治が公然と行われていることです。憲法9条に限ったことではありません。9月28日、安倍首相は、憲法53条に基づき野党が求める臨時国会の開会を先送りにしておき、ようやく開いた臨時国会の冒頭で衆議院を解散しました。あからさまな憲法

第3部　憲法を守り育てるために

無視です。これこそが麻生副総理が言う「ナチの手口」です。「ナチの手口」とは、憲法という法が持つ「宿命的な弱点」を突くことで、憲法改正の手続きを経ることなく憲法を変えてしまうやり口です。これは一種の「クーデター」です。

　憲法は「国の最高法規」(98条)ですが、最高法規であるがゆえに、その存在を支える基盤が案外もろいのです。法律や命令などは最終的には憲法によって根拠が与えられますが、憲法の存在に根拠を与えているものは何でしょうか。理屈の上では、憲法より上にはさかのぼれないし、かりに憲法の上に何か法があると考えても、その法の根拠がさらに問われると、どこまで行ってもキリがありません。

　突き詰めれば、憲法とは、政治を行う議員・大臣・官僚・裁判官などの公職者が「これが憲法だ」と信じて日々の政治の中で従っているルールだということになります。憲法は立憲主義に基づき、公職者に憲法尊重

ニュルンベルグ党大会でナチス突撃隊、親衛隊に敬礼するヒットラー（ナチスのプロパガンダ写真、1937年9月）。写真提供：DPA／共同イメージズ。

擁護義務(99条)を負わせる一方で、公職者が現実の政治の中でそのルールに従っていることで存在していると言えるのです。

こう考えると、公職者が従うルールが変わってしまえば、国の憲法そのものが変わってしまいます。その最悪の例が「ナチの手口」です。当時、ヒトラーが自らの独裁を確立するために、悪名高い「授権法」によりワイマール憲法を停止しました。しかし、ドイツから憲法が完全に消滅したわけではありません。新たに「ヒトラー総統の決断がドイツの最終的な意思決定である」という法が宣言され、ドイツの公職者が一致してこの法に従うことで、新しい「ナチ憲法」が成立したのです。ナチはその前に、大統領に議会の解散権を濫用させたり、意のままになる官僚を恣意的に任命したりしました。安倍内閣の手法が「ナチの手口」に酷似しているとは、言い過ぎでしょうか。

日本国憲法の普遍的な理念

私たち国民は、「ナチの手口」を許さないためにどうしたらよいのでしょうか。まず選挙や国民審査を通じて憲法の定めを公然と破る議員や最高裁の裁判官を辞めさせることです。公務員の選定罷免権は「国民固有の権利」(15条1項)です。また、安保法制(「戦争法」と呼ぶ人もいます)など憲法に反する法令を司法の場で争い、裁判所によってこれを無効にさ

条文

日本国憲法15条1項　公務員を選定し、及びこれを罷免することは、国民固有の権利である。

同53条　内閣は、国会の臨時会の召集を決定することができる。いづれかの議院の総議員の四分の一以上の要求があれば、内閣は、その召集を決定しなければならない。

同81条　最高裁判所は、一切の法律、命令、規則又は処分が憲法に適合するかしないかを決定する権限を有する終審裁判所である。

同98条　この憲法は、国の最高法規であつて、その条規に反する法律、命令、詔勅及び国務に関するその他の行為の全部又は一部は、その効力を有しない。②日本国が締結した条約及び確立された国際法規は、これを誠実に遵守することを必要とする。

同99条　天皇又は摂政及び国務大臣、国会議員、裁判官その他の公務員は、この憲法を尊重し擁護する義務を負ふ。

第3部　憲法を守り育てるために

せていくことも大切です(81条)。

　そして、「日本国憲法は尊重に値する」という確信が国民の間で広く共有されている必要があります。もちろん国民にとってこの憲法が尊重に値するのは、主権者である国民自らが確定した憲法だからです(憲法前文)。それとともに、私たちが日本国憲法によって具体化された価値や理念を正当なものとして受け入れているからです。

　憲法の根底にあるのは「個人の尊厳」という価値です。個人が生きる人生はそれぞれがかけがえのないものであり、その生き方の価値に違いはありません。だから、すべての個人は平等に尊重されます。そして、どのような生き方にとっても必要不可欠な自由と利益が人権として等しく保障され、憲法によって特別な保護が与えられます。また、国の政治的決定は個人の生き方に大きな影響を与えるため、国民一人ひとりの声に平等な重みを与えるのが原則です。

　さらに、戦争は国家のためにいのちの犠牲を強いるものであり、個人の人生を根こそぎに奪うものです。個人の尊厳が平和的生存権と戦争放棄と結びつくのは当然のことです。このように日本国憲法では、個人の尊厳を中心にして立憲主義・民主主義・平和主義の理念が固く結びついています。この理念は、日本国民だけでなく人類すべてにとって尊重に値するものだと考えます。

(岩本一郎)

オススメの一冊 ┈┈┈┈┈┈┈┈┈┈┈┈┈┈┈┈┈┈┈┈┈┈┈┈┈┈┈┈┈┈┈┈┈┈┈

長谷部恭男・石田勇『ナチスの「手口」と緊急事態条項』(集英社新書、2017年)
　憲法研究者の長谷部恭男先生とナチス研究の第一人者の石田勇先生が、ワイマール憲法の緊急事態条項を突破口にしてヒトラーが政権を掌握した「ナチスの手口」について語り尽くします。

沖縄と明文改憲

軍事力によらない平和が今も求められている

日本「復帰」後も沖縄は軍事化

　1972年に日本に「復帰」したことによって、沖縄に日本国憲法が適用されて45年になります。沖縄の人びとは軍民一体の地上戦の中、日本軍による虐殺や「集団自決」(強制集団死)の強制、米軍の攻撃を経験させられ、その後も続く米軍占領で、人権を蹂躙され、米軍人による事件事故によって多くの人の命や尊厳を傷つけられ、平和憲法を渇望しました。

　しかし、日本「復帰」後も沖縄は軍事化されています。沖縄は、日米安保体制を維持する要として7割を超える在日米軍基地を担わされ、新たな基地の建設にも苦しめられています。

　日本「復帰」によって配備された自衛隊は年々増強され、現在、陸上自衛隊の先島(石垣、宮古、与那国)配備が問題です。近隣諸国との軍事的緊張を生む可能性のある国境地域への軍事施設建設は、島民の平和的生存権、命そのものに直結する重大事です。

　自衛隊明記は、集団的自衛権を付与された軍事組織としての自衛隊という安保法制の作った既成事実の憲法上の追認になります。自衛隊基地の新設は、軍事組織としての自衛隊の配備であり、これは、沖縄にとって軍事化強化、危険増であり、自衛隊と米軍との連携強化による明らかな負担増です。

軍事基地の存在は、自国や同盟国の敵対国の標的にされる危険

　沖縄は、日本国憲法の適用下にあるものの、平和的生存権をはじめと

した憲法上の人権を日々脅かされています。軍隊との共存は、軍機の騒音や軍機の墜落の危険と、常に隣り合わせです。例えば、昨年12月に名護市安部海岸にオスプレイが墜落しましたが、オスプレイの運用が続いています。今年10月11日、米海兵隊のCH53大型輸送ヘリが、東村高江の民間牧草地に緊急着陸して炎上しました。この炎上で機体に使用されていた放射性物質による汚染が心配されています。また、自衛隊・米軍の軍事演習の騒音も激しく、日々基地周辺住民を苦しめます。軍民共用空港である那覇空港では、自衛隊機の不具合を理由とする滑走路閉鎖が発生したり、自衛隊機の演習のための民間機の遅延もあり、沖縄の主要な産業の一つである観光に悪影響を及ぼしています。

2016年に東村高江のヘリパット（オスプレイパッド）の建設の際に、自衛隊が資材搬入を行ったことを考えると、今後、基地反対運動に対して、軍事組織としての自衛隊が内乱鎮圧の名目で導入されるかもしれないと、強い恐怖を感じます。もちろん、軍事基地との共存は、自国や同盟国の敵対国の標的にされる危険とも隣り合わせです。

軍隊は、戦時も平時も私たちを守ってきませんでした。軍隊を持たない憲法の持つ威力。軍事化された沖縄では、軍事力によらない平和が今も求められています。

（髙良沙哉）

10月11日緊急着陸・炎上した米軍ヘリCH53（沖縄県東村高江、2017年10月12日）。写真提供：時事通信。

4 北海道と明文改憲
私たちが主権者として、自衛隊を戦争に加担させることを迫ることになる

▍日本の米軍施設や区域の約33.6%が北海道に

　皆さんのイメージの中で、米軍基地と言えば沖縄でしょう。その認識は間違っていません。日本にある米軍専用施設の約70%が沖縄に集中しています。しかし、自衛隊との共用施設も含めると、日本の米軍施設や区域の約33.6%が北海道にあります。

　北海道の上空もオスプレイが飛んでいます。2017年8月18日から、陸上自衛隊と米海兵隊との日米共同訓練にオスプレイが参加し、21日には夜間飛行訓練も実施されました。報道機関に公開された日米共同訓練では、陸自第11旅団と海兵隊第3海兵師団からそれぞれ約150人が参加し、陣地奪還作戦を想定し、小銃を持った海兵隊員と陸自隊員が連携したり、陸自の90式戦車2両と海兵隊の軽装甲機動車2両が実弾を射撃しながら訓練をしています。まさに戦争のための訓練です。

　アメリカに敵国と名指しされた北朝鮮にとって、この訓練こそ脅威かもしれません。また、この日米合同訓練に先だって、韓国軍と米軍は、北朝鮮首脳部つまり金正恩氏を名指しして「斬首訓練」なる訓練を行っています。視点を変えて北朝鮮の側から日米韓の三国をみたとき、挑発されていると感じることは想像に難くありません。

▍突然の緊急速報メール（Jアラート）

　そんな中、2017年8月29日午前6時2分。突然、携帯電話が異様な

第3部 憲法を守り育てるために

日米共同訓練で飛来したオスプレイ(北海道大演習場、2017年8月18日)写真提供:時事通信。

音で鳴り響きました。緊急速報メール(Jアラート)でした。

「政府からの発表 『ミサイル発射。ミサイル発射。北朝鮮からミサイルが発射された模様です。頑丈な建物や地下に避難して下さい。』(総務省消防庁)」

私は、これをみて混乱しました。空襲警報とも思える内容を目にして、夢か現か分からなかったのです。すると、12分後の午前6時14分に再びJアラートが届きました。

「政府からの発表 『ミサイル通過。ミサイル通過。先程、この地域の上空をミサイルが通過した模様です。不審な物を発見した場合には、決して近寄らず、直ちに警察や消防などに連絡して下さい。』(総務省消防庁)」

テレビをつけると、NHKも民放もミサイルの話題ばかりです。そして、安倍首相のコメントが繰り返し流されています。

「我が国に北朝鮮が弾道ミサイルを発射し、我が国の上空を通過した模様でありますが、直ちに情報の収集、分析を行います。そして、国民の生命をしっかりと守っていくために、万全を期してまいります。」

実際に発射されたミサイルの飛行経路などは第1部(20頁)で紹介した

65

とおりです。

自衛隊が専守防衛から大きく変質する可能性

　北海道には、多くの自衛隊基地があります。基地の近くの学校では、保護者が自衛官という家庭だって少なくありません。制服姿で学校行事にお見えになる方もいますし、通勤途中の自衛官をよく見かけます。当然のことですが、自衛官も私たちと同じように日常生活を送り、同じように基本的人権を有しています。

　しかし、いまや自衛隊は専守防衛から大きく変質をしています。そのような自衛隊を憲法に書き込むということは、私たちが主権者として、自衛隊を戦争に加担させることやその結果として戦地で人を殺すことを命じることであり、あるいは殺されることを許容せよと迫ることになるのです。

（池田賢太）

おわりに

「政府の行為によって再び戦争の惨禍が起こることのないようにすることを決意し……」、憲法前文の戦争の反省は、日本国憲法に輝きを与えます。

安倍首相の9条改憲、自衛隊明記発言は、日本の侵略戦争、軍隊が戦時下で住民を守らなかったことなど、戦争の反省をすっかり忘れています。軍隊としての自衛隊の憲法への明記は、戦争の反省に基づく憲法全体を壊してしまいます。

しかし、災害救援に尽力してきた自衛隊の軍隊としての本質を認めた上で議論をするのは、私たちにとって容易ではありません。しかし今、主権者は現実を直視しなければなりません。本書第1部に掲載された、元自衛官やその家族の生の声は、自衛隊の直面している現実、そして自衛官の命も平等に大切だということを認識させてくれます。

本書を読み進めてきたみなさんは、「美しい言葉」は裏があることに気づいたはずです。

例えば、教育の無償化、環境権、家族、どれも言葉は美しく、必要性を感じてしまいます。教育の無償化を必要とする人は多いでしょう。しかし教育の無償化も環境権も現行憲法下で実現可能です。また、「家族は大切だ」ということを、憲法に規定しないことが保障してきた自由や価値にも気づきます。目からうろこの発見です。

そして、政府から流れてくる情報を疑うことも大切だと気づきます。緊急事態条項の必要性を強調し、また北朝鮮のミサイル発射で危機を煽ってきたにも関わらず、この問題が収束しない状況の中で衆議院の解

おわりに

散を行った安倍内閣。政府情報の怪しさに驚いたことでしょう。改憲案としての「合区」解消が、自民党の都合で出てきたことなどは、もはや誰のための政治なのかもわかりません。

　今、私たちは日本国憲法によって得られた価値を、権力に抵抗しながら維持する闘いのただ中にいます。権力側の発する詭弁や嘘を見抜く「主権者力」が必要です。憲法の価値を理解し、憲法を生かすことが、主権者に求められます。おとなしい国民でいるのはやめにしましょう。

　最後になりますが、この改憲危機に即応しようと企画した本書の出版と編集作業等を快くお引き受けくださった現代人文社の成澤壽信さん、すべての原稿に目を通してくださり、企画段階から貴重なご助言をくださった北海道新聞記者の森貴子さんと荒谷健一郎さん、および原稿に関する貴重なご意見をくださった弁護士の秀嶋ゆかりさんに、編著者を代表し心から感謝申し上げます。

2017年10月25日
編者を代表して 髙良沙哉

編者・執筆者プロフィール（五十音順）

＊印は編者

飯島滋明 （いいじま・しげあき）＊

名古屋学院大学経済学部教授。1969年生まれ。専門は、憲法学、平和学、医事法。主な著作に、『Q&Aで読む日本軍事入門』（共編著、吉川弘文館、2013年）、『すぐにわかる集団的自衛権ってなに？』（共著、七つ森書館、2014年）、『憲法未来予想図』（共著、現代人文社、2014年）、『これでいいのか！日本の民主主義——失言・名言から読み解く憲法』（編著、同社、2016年）、『安保法制を語る！自衛隊員・NGOからの発言』（編著、同社、2016年）、『緊急事態条項で暮らし・社会はどうなるか』（編著、同社、2017年）などがある。

池田賢太 （いけだ・けんた）＊

弁護士（札幌弁護士会）。1984年生まれ。南スーダンPKO派遣差止訴訟弁護団事務局長。主な著作に、『北海道で生きるということ』（共著、法律文化社、2016年）、『緊急事態条項で暮らし・社会はどうなるか』（共著、現代人文社、2017年）などがある。

石川裕一郎 （いしかわ・ゆういちろう）

聖学院大学政治経済学部教授。1967年生まれ。専門は憲法学、比較憲法学、フランス法学。主な著書に、『現代フランス社会を知るための62章』（共著、明石書店、2010年）、『リアル憲法学〔第2版〕』（共著、法律文化社、2013年）、『憲法未来予想図』（共著、現代人文社、2014年）、『国家の論理といのちの倫理』（共著、新教出版社、2014年）、『それって本当？：メディアで見聞きする改憲の論理Q&A』（共著、かもがわ出版、2016年）、「市民的自由と警察の現在：『スノーデン・ショック後』の監視社会と国家」（法学セミナー742号〔2016年〕）、『緊急事態条項で暮らし・社会はどうなるか』（編著、現代人文社、2017年）などがある。

岩本一郎 （いわもと・いちろう）

北星学園大学経済学部教授。1965年生まれ。専門は、憲法学。主な著作に、『はじめての憲法学（第3版）』（共著、三省堂、2015年）、『絵で見てわかる人権（新版）』（単著、八千代出版、2017年）、『世界の人権保障』（共著、三省堂、2017年）などがある。

榎澤幸広 （えのさわ・ゆきひろ）

名古屋学院大学現代社会学部准教授。1973年生まれ。専門は、憲法学、マイノリティと法、島嶼と法。主な著作に、「公職選挙法8条への系譜と問題点」（名古屋学院大学論集社会科学篇47（3）〔2011年〕）、石埼学、遠藤比呂通編『沈黙する人権』（共著、法律文化社、2012年）、石埼学、押久保倫夫、笹沼弘志編『リアル憲法学〔第2版〕』（共著、法律文化社、2013年）、『憲法未来予想図』（編著、現代人文社、2014年）、『これでいいのか！日本の民主主義——失言・名言から読み解く憲法』（編著、同社、2016年）、『緊急事態条項で暮らし・社会はどうなるか』（編著、同社、2017年）などがある。

清末愛砂 （きよすえ・あいさ）＊

室蘭工業大学大学院工学研究科准教授。1972年生まれ。専門は、家族法、憲法学。主

な著作に、「21世紀の『対テロ』戦争と女性に対する暴力」ジェンダー法学会編『講座ジェンダーと法　第3巻　暴力からの解放』（日本加除出版、2012年）、「アフガニスタンでは、どうだったの？」戦争をさせない1000人委員会編『すぐにわかる　戦争法＝安保法制ってなに？』（七つ森書館、2015年）、「女性間の分断を乗り越えるために－女性の活躍推進政策と改憲による家族主義の復活がもたらすもの」（平和研究45〔2015年〕）、『これでいいのか！日本の民主主義――失言・名言から読み解く憲法』（共著、現代人文社、2016年）、『安保法制を語る！自衛隊員・NGOからの発言』（編著、同社、2016年）、『緊急事態条項で暮らし・社会はどうなるか』（編著、同社、2017年）などがある。

髙良沙哉 (たから・さちか) ＊

沖縄大学人文学部准教授。1979年生まれ。専門：憲法学、軍事性暴力、軍事基地問題と沖縄。主な著作に、『「慰安婦」問題と戦時性暴力』（法律文化社、2015年）、「米軍基地と性暴力」季刊セクシュアリティ75号（2016年）、「憲法の掲げる平和主義と自衛隊の強化」沖縄大学地域研究18号（2016年）、『緊急事態条項で暮らし・社会はどうなるか』（共著、現代人文社、2017年）などがある。

渡邊　弘 (わたなべ・ひろし)

鹿児島大学共通教育センター准教授。1968年生まれ。専門は、憲法学、法教育論、司法制度論。主な著作に「『国民の司法参加』『裁判員制度』の教育をめぐる課題」（憲法理論研究会編『憲法理論叢書⑲政治変動と憲法理論』〔2011年〕）、「法を学ぶ者のための法教育入門」（法学セミナー662号〔2010年〕）、『緊急事態条項で暮らし・社会はどうなるか』（共著、現代人文社、2017年）などがある。

GENJINブックレット66

ピンポイントでわかる
自衛隊明文改憲の論点
だまされるな！怪しい明文改憲

2017年12月15日　第1版第1刷発行

編　者　清末愛砂・飯島滋明・髙良沙哉・池田賢太
発行人　成澤壽信
発行所　株式会社現代人文社
　　　　〒160-0004　東京都新宿区四谷2-10ハッ橋ビル7階
　　　　振替　00130-3-52366
　　　　電話　03-5379-0307（代表）
　　　　FAX　03-5379-5388
　　　　E-Mail　henshu@genjin.jp（代表）／ hanbai@genjin.jp（販売）
　　　　Web　http://www.genjin.jp
発売所　株式会社大学図書
印刷所　株式会社ミツワ
ブックデザイン　Malpu Design（陳湘婷）

検印省略　PRINTED IN JAPAN　ISBN978-4-87798-686-5　C0036
© 2017　Kiyosue Aisa　Iijima Shigeaki　Takara Sachika　Ikeda Kenta

本書の一部あるいは全部を無断で複写・転載・転訳載などをすること、または磁気媒体等に入力することは、法律で認められた場合を除き、著作者および出版者の権利の侵害となりますので、これらの行為をする場合には、あらかじめ小社また編集者宛に承諾を求めてください。